最好在二十幾歲就知道的事

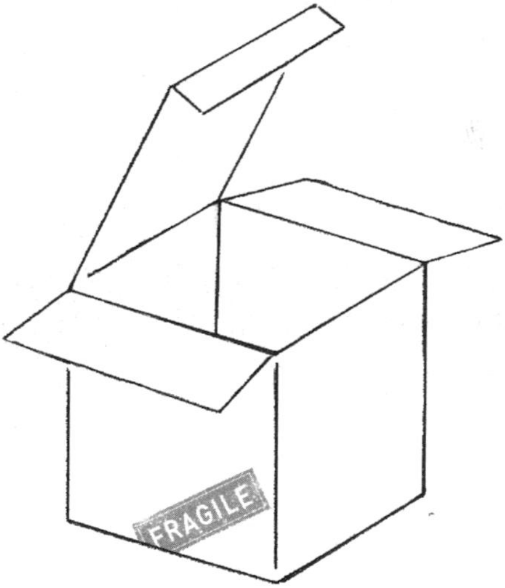

關於未完成的夢想、不體面的人生，

以及是否永恆的185個知見

問候

你好嗎？

人們都說，現在是最糟糕的時代。也有人說，現在是寂寞的時代，或是被撕裂的時代。有人說，一個人孤僻地窩在家才是正義。也有人說，上街推動經濟才是正義。這兩種正義就像對立的平行線，但絕大多數的我們，都無法極端地投向任何一邊，結果不管做什麼都感到心虛，不知不覺間，即使遇到快樂的事，或難過的事，都難以與人分享。會想要面對面聊這種無聊事的對象，才是我們最重要的人，卻也因此更不容易見面。

凌晨三點，我由衷喜愛的新宿酒吧的老闆向我訴苦：「我害怕被人發現其實就算少了我，一樣馬照跑，舞照跳。」我說：「沒這回事的。」但他的店尚未迎接今年夏天，就不為人知地從新宿消失了。悲傷的是，我在線上酒局再次聽到了一模一樣的話。說這話的，是東京一位戀人住在札幌的朋友。這次隔著螢幕，我再也無法做出泛泛的安慰。

在這樣的夜晚，不管是瀟灑的自言自語，還是酷炫的十五秒影片、電視、訂閱內容，全都讓人感到空虛。現在的我一樣想要傾吐，卻說不出口。想玩卻沒辦法玩，想觸摸卻觸摸不到。

然後，夢想不會實現，努力不會有回報。奉為金科玉律的話會背叛我們。冀望永恆不變的事物似乎並非永恆。不，其實我早有一抹預感，知道真正重要的事物遲早會消失不見。我吸了滿腔那股氣息，努力去接受。但其實內心早已察覺，不當一回事的事物才是最重要、最可貴的。

保護著我們的事物，也讓我們變得孤獨。沒有人知道什麼才是對的。

但，這不是老早就知道的事嗎？

已逝的二十幾歲是最爛的時代、寂寞的時代，也是被撕裂的時代，不是嗎？

以前我讀過一本書，上面說「二十幾歲的人生品質好壞，是由一個人遇到什麼樣的話語來決定的」。仔細想想，人生沒有品質好壞可言，也沒有現在或未來。但當時我還太年輕、太愚蠢，也太傲慢，把這話信以為真，決定讀破上萬卷書。

然而，如今無論再怎麼回顧人生，我都不覺得一個人的人生是由他所遇到的話語來決定。更不是由存款多寡或戀愛、結婚來決定的。

一個人的人生，是某個夜晚朋友在電話裡提到的一句話，或情人不經意地吐出的一句話、是酒吧相鄰而坐的萍聚之交所訴說的內容、是無可救藥的都會景色，或是在毫不特別的夜晚街道，如雨絲般貫穿全身的、無法訴諸話語的領悟。

我認為，人生是由這些所決定的。

「二十幾歲的人生，是由遇到了多少難忘的片段、得到多少感動所決定的。」

我決定將這些片段命名為「在二十幾歲得到的知見[1]」。

每個人都有一個決心不向任何人吐露的、纖細而奢侈的祕密。或是血膿未乾、怵目驚心、如傷疤般的教訓和故事。而這些是在網路上看不到的。

「什麼是最好在二十幾歲就知道的事？」我向上百名人士詢問過這個問題。不論是名媛、無名小卒、無業人士、公司老闆、癌末患者、好人壞人或惡貫滿盈的人，都向他們請教。

蒐集了我自己和他們的片段而成的，就是現在你手中的這本書。如果這本書能對你有所幫助，我感到榮幸。若是毫無用處，我更感光榮。

好了，拖沓的前言就此打住吧。

長夜漫漫，卻不溫柔。而我們時間不多。

無論男女，威士忌都應該純飲。然後，祝福你有個美好的夜晚。

從新宿獻上我渺小的愛。

1 註：知爲意識，見爲眼識，知見意謂識別事理，也有知識和見解之意。

目次

第1章 從不完全出發

第2章 關於現實，赤裸的幾個真相

第3章　反對・不浪漫

最終章 關於愛情，粗淺的幾個看法

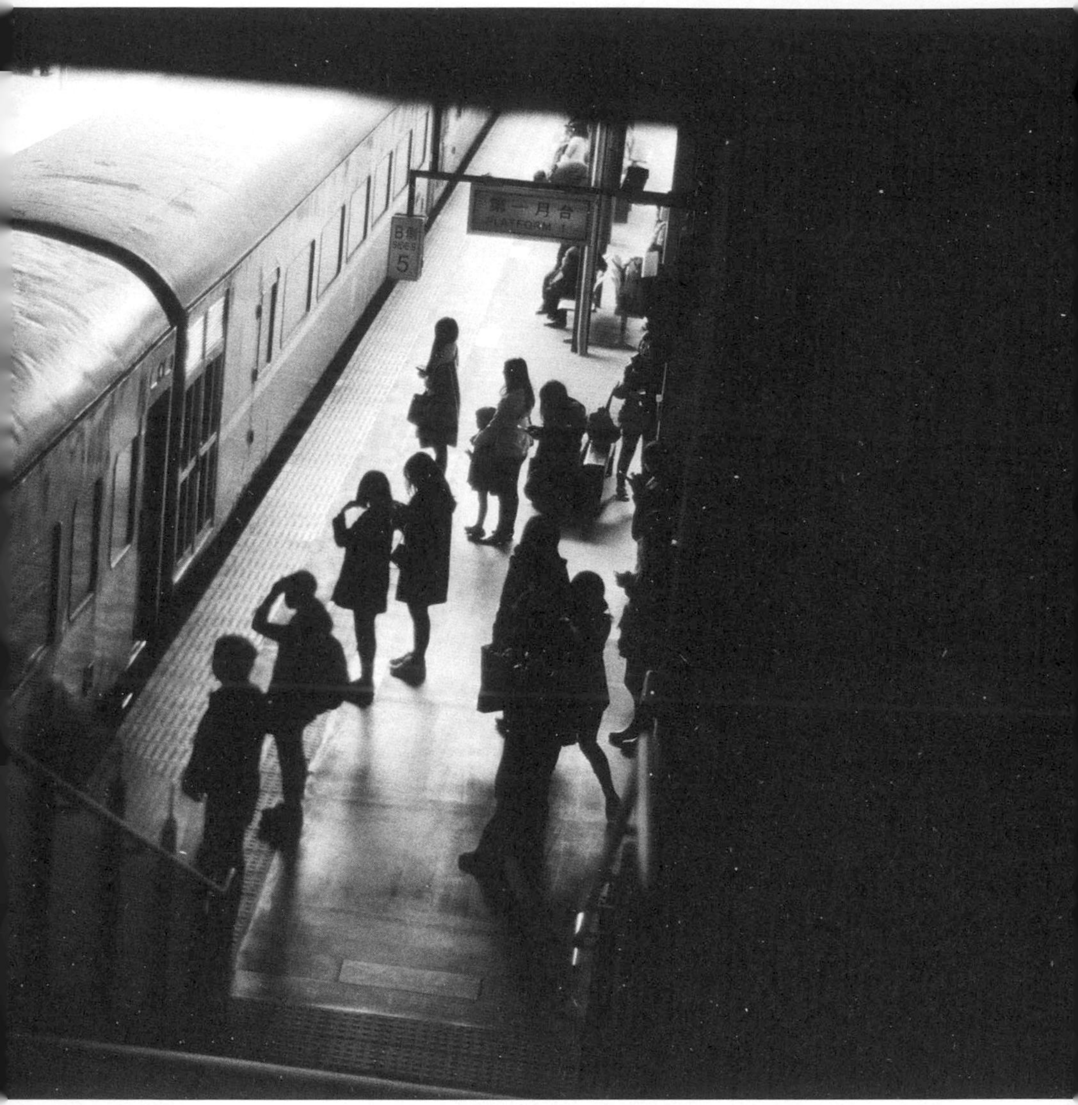
第一月台
5

第1章

從不完全出發

就算沒有生存的理由，
也可以好好活著。
領悟到這件事的人，
才能夠一直活下去。

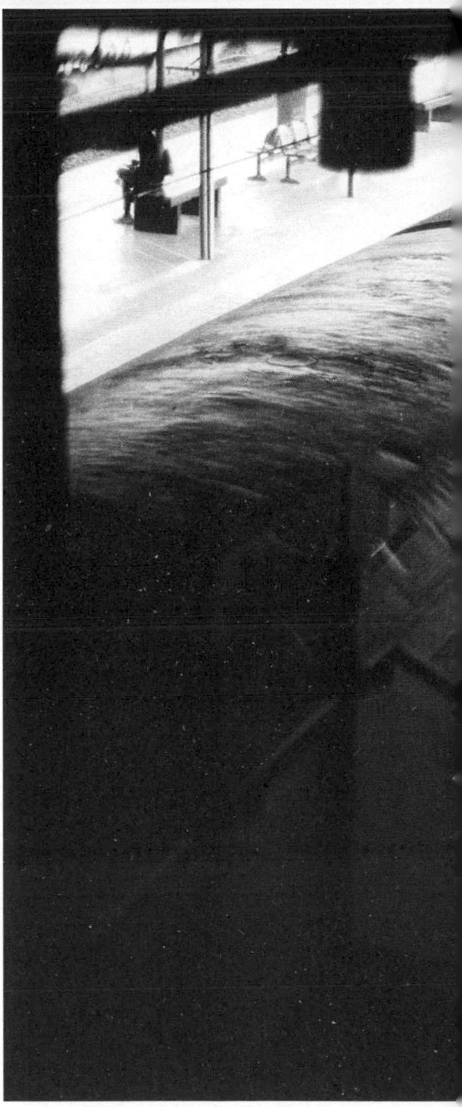

01 或許明天我們就死了

在二十幾歲得到的體會當中，我最中意的有：

「想死的話就去睡覺」、「睡覺也解決不了的問題就寫下來」；

「大人其實也不知道所謂大人是什麼」；

「不抱期待比較輕鬆，但無聊卻是生活的毒藥」；

「比起流行，百年前就已奠定的經典更好」；

「世上沒有永恆，但形同永恆的瞬間，更值得蒐集」等等。

不，還有更多。

「或許明天就死了，所以必須抓緊當下」；

「死亡本身並不怎麼戲劇性」；

「現在手上的東西有可能變成遺物」；

「想要什麼就立刻買下」、「惰性存錢沒有意義」。

這些都是我人生當中重要的體會。
或許它們是已經被說爛了的道理。
但是我想，在人際關係當中，「一個人應該看他的行動，而不是他說的話」，也是放諸四海皆準的鐵律。
當然，別人的行動有的看得到，有的看不到。
有些就像祈禱，有些像是他人的詛咒。各位應該也一樣，比起在社群媒體上秀出的上半身，真心話反而存在於絕不會曝露在社群媒體的下半身。至於敢斬釘截鐵地說「我的真心話全在我的腦袋裡」的理性派，請務必保持下去。所以，不管是本能派還是理性派，都必須相信看不見的事物。
不過，這份直覺與乾坤一擲也是同樣重要的，因為這才是人的本質。
而如果這才是真理，那麼，「說喜歡沒有意義」、「愛一個人，就應該不斷地付出」、「不要期望被愛」，也可以說是真理。
不光是戀愛，不管在工作還是生活上，這都是應該重視的價值觀。一切都是永遠得不到回報的單相思。為這份單相思殉身，亦可說是一種美學吧。

話說回來，何謂「喜歡」，又何謂「愛」呢？

年輕人很憧憬的那套「同居」，還有「婚姻」，到底是什麼呢？

我們即使只有一個人也可以活下去，那為什麼還是想要和別人廝守在一起呢？

這說來話長，後面再談吧。

總而言之，若要邂逅願意像這樣不求回報地獻出心靈的特別對象，成天和朋友廝混，或浸淫在變動快速的流行事物裡，也絕對無法實現。

所以「要保持孤獨」。但是，也要不斷地吶喊我在這裡。

以上，草草收筆。

02 不要絕望，但抓緊當下

好意最好趁早傳達，因為它稍縱即逝。

想要的東西最好立刻買下，因為物欲也有賞味期限。

炸豬排最好趁年輕時多吃一點。

等到有能力愛吃就吃時，你喜歡的已經讓你消受不起。

想死的念頭不會消失，所以最好認命馴服它。

03 最痛的回憶最美

在喜歡的地方盡情做喜歡的事。願意喜歡這樣的你的人，應該要最為珍惜。就算別人喜歡的是逞能逞強的自己，也沒有意義。就算謙虛客氣也沒有了局。做等身大的自己，不撒謊、不躲藏、不矯飾，正大光明地展現自我。好惡分明。這是二十幾歲的大前提。

世上沒有灰姑娘，也沒有白馬王子。
但總有一個特別的人，擁有相同靈魂的孤獨之人。

在邂逅那獨一無二的人之前，要一個人努力活下去。
在遇到那個人以前，不停地囈語莫名其妙的話也沒關係。連受人喜愛都感到厭倦的話，就抓起錢包和手機，不帶地圖出門旅行，多少次都行。
因為最痛的回憶最美。

04 二十幾歲需要的不是自信

二十幾歲真正需要的或許不是自信。

正因為沒自信，才會想充實自我。

因為沒自信，才看得見別人出色之處，才會想要效法、偷學、改進。

因為沒自信，才會想要逗笑對方，讓對方開心。

因為沒自信，才會想要行動。

在這樣的過程中，一定會吃苦、受挫。但這些失敗的知識與經驗的全部，會成為你的才學，成為你堅定不移的根據，與屹立不搖的自信。

不用嚮往看起來自信十足的人。不用嚮往現在燦爛發光的事物，也用不著嫉妒。今天火紅的流行，下個月不會有任何人記得。

基於相同的理由，沒必要追求第一。有時候有趣的第二名反而歷久不衰。

臨死之際，能覺得「啊，這輩子過得真有趣」，才是理想的臨終吧。自信也是一樣的。直到臨死之際，人都不一定要有什麼自信。沒自信才能放手施展，才能困獸猶鬥。

二十幾歲不需要自信。

沒自信才是最大的武器。

05 完美主義者有米開朗基羅一個人就夠了

我請教一位六旬貴婦：「妳這輩子最後悔的事是什麼？」

「我一直想出國旅行，也想要學插花。可是開始上班，結婚生子帶孩子以後，金錢、時間、體力和餘裕全都像小鳥一樣飛走了。

我發現『總有一天』並不會到來。

如果想著『等我學好外文』、『等我有錢一點』，就太遲了。起心動念的當天、當下，就應該付諸行動。不管再怎麼不完全，也只能以不完全的狀態行動。」

她如此說。

對此我也心裡有數。

一旦陷入「事前完美主義」，人就會作繭自縛。

最好的時機永遠不會到來。

人生難得遇到「好，輪到你了」的高聲召喚。

需要什麼，都只能就地取材。只能邊跑邊撿，只能主動敲門。

人生就是這麼回事。

完美主義能做到的事太少了。要「野蠻」一點。

06 魅力與違反

最近在思考何謂魅力時，我得出了一個結論。

「本人死守的準則遭到破壞的瞬間，偶然所蘊釀出來的事物」。

這準則包括了語言、服裝、舉止等等。

因為我總覺得，魅力就像是對這些準則「逼不得已的違反」。

例如，說著一口完美敬語的人吐出的粗鄙話語；服裝筆挺的男子在其他場合鬆開的領帶；凌亂不整的浴衣或和服；哭到淚乾，反而顯得神情淡漠的喪服女子。

這些都是破壞了一般準則的存在。

以完美為目標，卻不得不放棄完美的那種貌樣，或者破綻。

這些不是刻意追求所能得到的。看起來毋寧是放棄完美才能獲得的偶然之物。

問我這麼想的根據？沒有。

香味是看不見的。就基於與此完全相同的理由。

07 奢侈與黑色小禮服

我認為奢侈並非自己匹配不上的昂貴物品，而是匹配得上的高級物品。寶石之所以是寶石，就是因為它伴隨著害怕被偷走、遺失的不安。但如果只是脖子上掛了一顆寶石，就惴惴不安，那就不能叫做奢侈。手錶如此，車子也是一樣。會讓使用的人陷入不安的物品，不能叫做奢侈。

與其如此，買雙好走的鞋子、穿上心愛的黑色小禮服，提著精巧的小皮包，週末上街走走，我覺得這才叫做真正的奢侈。

仔細想想，世上真的沒有多少東西是絕對必要的。

08 賺到一千萬的四種思考方法

雖然唐突，但聊點現實的話題吧。

假設你想要得到一千萬日幣的金錢。

得到這筆錢的方法，大致上有下列四種：

一、和收入一千萬日幣的人戀愛或結婚，讓對方死心塌地

這是許多狡猾有野心的人第一個會想到的方法。當然，這筆錢不會全數落入這個狡猾有野心的人手中。不管要進行「爸爸活[2]」還是「媽媽活」都好，一旦年老色衰就玩完了。而且有無數的競爭者。

二、以時薪、月薪或年薪賺到一千萬

2註：パパ活，原意爲「尋找像爸爸一樣可以援助經濟的資助人的活動」。指陪伴男性約會、用餐等等，以獲取金錢回報的行爲。年輕男性尋找年長女性資助者的情形，則稱爲「媽媽活」。

這並非不可能的事，但必須孜孜不倦，很花時間，也會牽扯到不必要的人際關係。壓力滿點。而且會被上一則提到的狡猾之人纏上，更是麻煩。

三、重複買低賣高

比方說，用兩萬日幣賣掉以一萬日幣買進的東西。只要重複一千次，就能得到一千萬。以五萬日幣賣掉三萬日幣買進的東西，就是五百次。若能以十五萬日幣賣掉十萬日幣買進的東西，只需要兩百次就能達到目標。許多商人都追求這樣的高利潤。透過網拍也有可能達成。當然，轉賣不是什麼光彩的行為，但實際上大部分的生意，本質都是「買進賣出」，賺取其中的差價。

四、製作一萬人願意花一千日幣買下的東西

只要做出一千人願意花一萬日幣、一萬人願意花一千日幣、十萬人願意花一百日幣購買的東西，先不管原價，同樣都可以賺到一千萬日幣。與第三個選項相似，但決定性的不同在於，「賣出」的上一個步驟是「製作」。

大多數人都會選擇一或二。

選一的人，最後會做出「青春就是金錢」的結論。

選二的人，最後會做出「時間就是金錢」的結論。

兩種結論都很好。但青春會消逝，時間也是有限的。

只要能得到成就感，什麼都好。但如果選二的人裡面，沒辦法早起、擠電車、為五斗米折腰的人，最好立刻思考三和四的選項。

選擇三的人，最後會得到「別人嫌麻煩的東西就是金錢」、「資訊落差就是金錢」的結論，有些獨善、虛無。

選擇四的人，最後會得到「人會為撫慰心靈的東西掏錢」、「金錢的本質是感謝」的結論，有些人道、博愛。

投資不動產或分散投資，我覺得不是能以低於一千萬的本金去玩的，因此這裡不列入討論。

最後，我想要以老生常談來結束這篇隨筆。

天真地想要和有錢人談戀愛或結婚的人，要先有能力自己賺錢。戀愛和婚姻的前提是獨立自主，連賺錢這最起碼的獨立自主都沒有，遑論談一場浪漫的愛情。

09 沒有大人這種東西

我從來沒有看過所謂的「社會人士」，倒是看過整天被數字或期限追著跑的上班族。我也沒看過所謂的「民眾」或「輿論」，反而看過數不清的弱者把更弱的人踢出舒適圈，或嫉妒那些打著正義旗幟橫行的現象。

我沒看過多少「幸福的人」，而是常在ＩＧ等社群媒體看到「念茲在茲讓自己看起來很幸福的人」。

同樣地，我很少看到「小孩」，倒是常看到「很會裝小孩的年輕人」。

聽好了，世上沒有什麼大人。

連大人自己也不清楚何謂大人吧。

我只看過已經到了被稱為大人的年紀，卻完全沒有忘記玩心和童心的人。

他們是想方設法逕就，卻逕就不了，為此掙扎的可愛之人。我到目前為止只看過這樣的人。

我深切地希望自己更早發現這件事。

之所以這麼說，是因為許多人讓我覺得，如果彼此一開始就以小孩的身分來對話就好了。

10 自我意識過剩才是唯一的正義

如果是陰沉的人，就要追求陰沉的極致。是阿宅的話，就要追求阿宅的極致。同類相吸，還會順便引來真命天子或天女，甚至有可能帶來工作機會。

不以世界為中心，而是以自我為中心。自我意識過剩，並忠於內心。這才是最輕鬆的生活方式。

但我們經常無法成為任何一種，或不知道該選擇哪一種。

比方說，懂一點社交，但個性內向，或有點熱情，但同時又有點冷漠的人，就無法和徹底內向的人、為興趣而活的人，或天生的氣氛製造者相投意合，反而變得比任何人都要孤獨。

我也是那種沒辦法在熱鬧起鬨的最前排一起跳舞的靦腆小生。

但這種類型，也只要追求半吊子的極致就行了。

只要不斷地宣傳「我無法成為任何一邊」就行了。

如此一來，同類同胞便會遠道而來。和同道中人玩在一起、聊在一起就好。把酒縱談，聊聊能不能一起去幹些有趣的事。總有只屬於這種人的娛樂和戀愛，以及工作。

因此，首先要自我意識過剩地活著，忠於你自己。

11 不抱期待比較輕鬆，但無聊是生活的毒藥

長久以來，網路和許多地方都有人如此疾呼：「不抱期待地活著才聰明」。

但是要我不期待朋友、不期待單相思的對象，或不期待下個月上映的電影、尚未造訪的城鎮、在落魄酒館遇到的客人或老闆說的話，就這樣安分平淡地再活上五十年，我樂於咬舌自盡。

因為我想要期待。期待他人。

當然，人際關係中「希望別人不要怎麼對我」的期待，大抵都會落空。

然而，「希望別人如何對我」、「要是別人如何對我，我一定會很開心」的期待，只要細水長流地持續說出口，有時候是會實現的。

我有個萬人迷的知交，他說他在追求的時候，會說：

「為什麼你只對我一個人這麼冷漠？」好讓對方不知所措一下。

這也是一個愛情的奴隸所發出的詛咒話語吧。

當然，下個月上映的電影有時候真的很無聊，但這也是期待的迷人之處。

12 什麼叫喜歡？

我覺得嚐到美味的食物時，會希望那個人也能嚐到，就是一種喜歡。

或者看見絕美不可方物的景色時，忍不住要拍下來傳給那個人。即使無法傳送過去，也會一直記得無法和他分享的遺憾。

希望可以待在一起，體驗相同的感動，我的「喜歡」似乎有這樣的成分。

或是想讓對方多睡一點、讓對方覺得舒服自在，這些不是以自己為主，而是以對方為優先的願望，也算是「喜歡」嗎？我如此思考著。

所以我相信，如果有了喜歡的人，比起傳達喜歡的心情，更重要的是一起經歷這些無法言說的瞬間、無法言傳的場面。

約會就是為此而存在的。

至於在LINE上面展開的心機戰略，就留給十幾歲的青少年吧。

比起傳達「喜歡」，一起在末班車開走後的夜晚道路散步更重要。

因為比起語言溝通，把兩個人關在這些無法言傳的瞬間裡，你們的感情更要複雜、偶然、印象深刻太多。

這一刻更讓兩人不能自已。

13 非日常的幸福

「我認為幸福大致可以分為兩種。一種是為了回歸日常的非日常幸福，另一種則是為了前往非日常的日常幸福。」有個朋友這麼說。

「吃好、睡好。穿上不賴的衣服。絕對不小看心情這玩意兒。可愛的耳環、想要的化妝品絕不手軟，手刀買下，擺在身旁。然後工作。為至少一個人幫上忙。也會日行一惡。這就是我的日常幸福。」

「可是，有時我會把預定全部抛下，跳上路過的公車，或新幹線。離家出走。不，不用離家也行。豁出一切，做從來沒做過的事。打破平日循規蹈矩的動線。故意迷路。這就是我的非日常幸福。少了任何一邊都不幸福。」我的那位女性朋友如此闡述。

多虧了她，我省下了大把思考幸福的時間。

14 愛的祕密

心愛的對象不管再怎麼溫柔，和自己在一起的時候，一定有某些事或某些話，是忍著不會去做、去說的。

所以才說他溫柔，而無法讓對方袒露真心的自己也有錯。

但我想要永遠記住，自己一再地被對方那樣的溫柔所拯救。

15 微熱的心情與夜晚的酒

喝上一大堆便宜的酒，醉醺醺地走在回程的明治大道，我經常想到這樣的事：不論再怎麼喜歡的人或事物，都會忘了為何喜歡，可是曾經那樣愛過的事實，卻不會忘記。

這樣就難以說是完全忘記了。那麼這份微熱，最後會去到哪裡呢？

我內心充滿了這些念頭。

我想要只憑這樣的微熱與人交談。你一定聽不懂我在說什麼吧？我也是。

正在看整型特別節目的母親脫口說道：
「只要相隔一百公尺遠，每個人的臉看起來不都一個樣？」

16 天性應該要被接納，而非矯正

譬如說，與其勉強矯正情緒起伏劇烈的天性，趁著情緒高昂的時候大量輸入輸出，然後準備好豐富的實際方案，避免情緒低潮的時候盪到谷底，這才是聰明的做法。

與其矯正優柔寡斷的天性，豁出去決定「不為沒有主導權的事煩心」、「如果有比自己更專精的人，就交給那個人決定，接下來便聽天由命」，這樣快多了。也就是聰明地利用別人。

與其矯正怕麻煩的天性，決定好對哪些事絕對不偷懶，會更容易集中資源。只專注去思考怎麼做才能更輕鬆地把事情做好，不僅利己，也是利人。如此一來，缺點就不再是缺點了。

天性是無法選擇的。無法選擇的事情，最好灑脫地接納。

17 一個巨大而無法理解的謎

有個女人把人比喻成一本書。

「大部分的人兩三下就讀完了，也不會想讀第二次。但有時會遇到怎麼讀也讀不完的人。我喜歡那種讀不完的人。」她說。

我不禁心想，「真可怕」。每個人都有一個地獄。

她一定可以在一瞬之間讀完全部吧。當然，包括我在內。

何謂好書？就是值得再三回味的書。

那種書裡面有什麼？我認為是具備謎團，或無法理解之處。就是因為有這樣的空白，不同的年齡和狀態，對它的理解也會不同。音樂和電影也是一樣的。

這無關傑作或佳作、一流或三流。是否為一流，自己決定就行了。

每當想起她的這些話，我就覺得讓喜歡的對象保留謎團、保留無法理解之處是多麼重要的一件事。因為我們會為之癡迷的，就只有不願全盤托出的人。

18 戀愛的目的，最棒的心理創傷

我認為戀愛的目的，就是為對方帶來最棒的心理創傷。

給對方一條再也無法不帶醉意地在夜晚經過的路，最好讓他再也不願意踏進迪士尼樂園。也就是透過高度的作對、記憶的破壞，來毀掉一個人。

當然，就像坊間的戀愛書籍或情歌所說的，「交往」是讓雙方都變得快樂，如果不快樂，趁早分手才好。

我對此也深感同意，但如果目的都如此高尚純潔，就太無聊太憋了。

再一次以原始的衝動，也就是惡意全開地，重新去注視最心愛的對象吧。

19 外表與內在完全矛盾

有時愈清純的人愈狡猾。因為萬一狡猾的真面目曝光，就不用混了。相對地，有時候看起來一肚子壞水的人，其實非常純真。

就像愈吃香的人，愈不會把「我很吃香」掛在嘴邊，對吧？

愈笨的人愈愛裝聰明，愈窮的人愈愛裝闊。

愈沒自信留住對方的人，愈喜歡公開放閃，強調小倆口有多恩愛。

人愈缺什麼，愈愛裝作有什麼。

不過，這道理很簡單明瞭，所以還好。

要特別小心的，是假裝一無所有、目空一切、蒙昧無知的人。

話說回來，會談論二十幾歲時光的人，是不是就是因為在二十幾歲時留下了太多的後悔？

就算沒有生存的理由，也可以好好活著。
領悟到這件事的人，才能夠一直活下去。

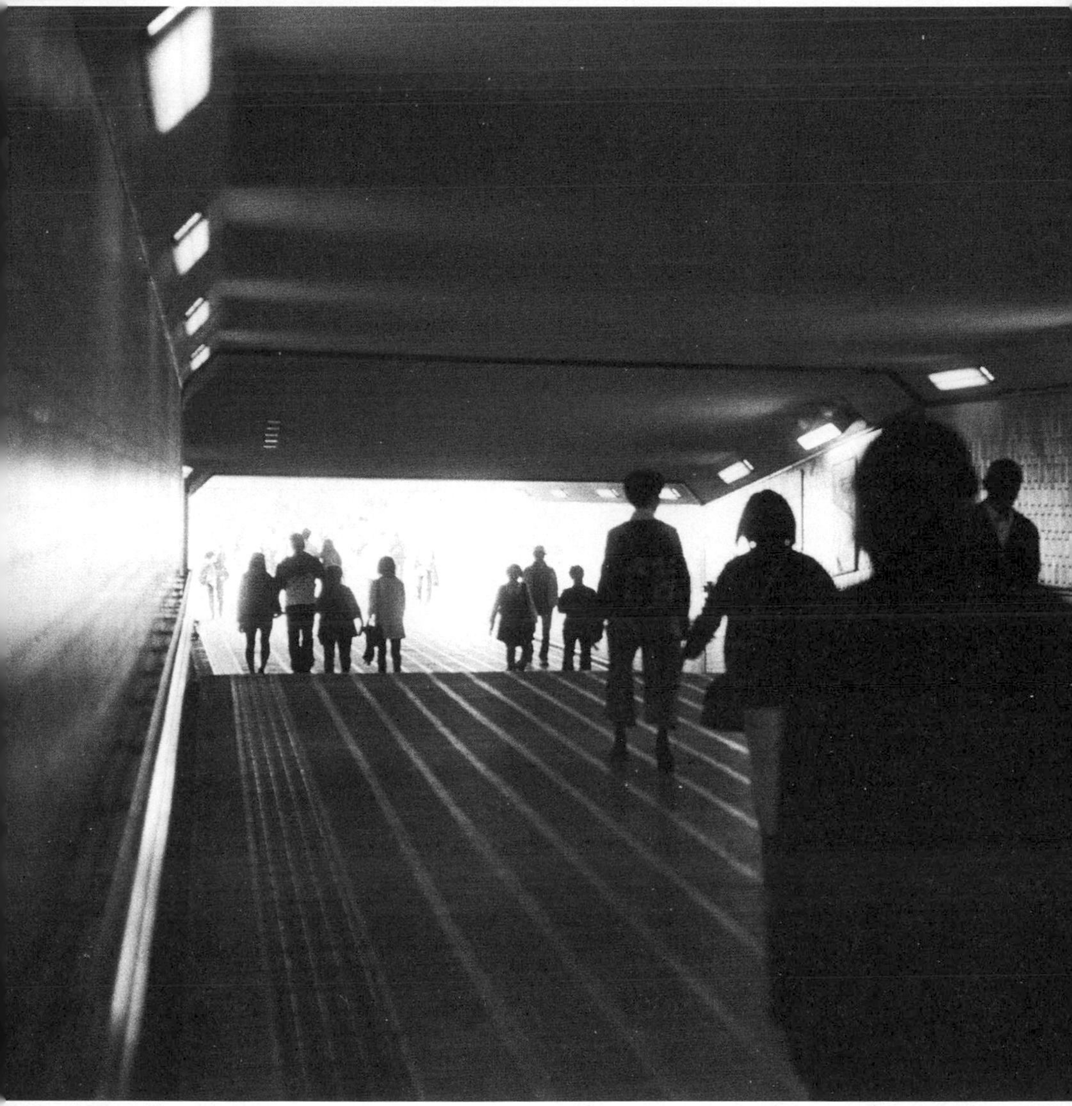

20 打造百萬暢銷書的編輯的話

一位曾經打造出一本銷量百萬的暢銷書、聰明絕頂的編輯在Cafe Renoir芝大門店對當時二十歲的我這麼說：

「一本書有不有趣，看目錄就知道。一部電影精不精彩，看預告就知道。因為一眼就能看穿它展示了什麼、又隱藏了什麼。所以最近我不管看什麼都覺得沒意思，很無聊。光看包裝，就知道它想給人什麼印象。現在就是這樣的時代啊。」然後他啜飲紅茶，道完他的中年危機。

當時的我還不夠老成，無法當場反駁他。但現在的話，我可以告訴他：

「既然如此，你就全部自己做啊。多少次都要做。不要怪別人。不要推到時代身上。沒有人願意幫你的話就自己來。比起迎合大眾的作品，更要做出讓自己覺得有趣的東西。難道你以為我們還不夠無聊嗎？少在那裡說些五四三的廢話！」

21 追求第零志願，而非第一志願

我從未有過什麼夢想。不，這是騙人的。小時候，我希望長大後可以成為地下社會的統治者，或是貓大王（被貓喜歡的人）；也曾認真要當上政界最可怕的掮客，然後覺得做政治掮客沒辦法的話，當個傭兵也不賴。這是我大三時的夢想。後來挫敗的夢想，現在臉皮還太薄，不敢說出口。不過回頭來看，我覺得這些夢想的共通之處，也就是：「變得強大，然後在幕後幫助弱者」。

現在這一點依然不變。我不知道自己是否已經實現了夢想，只是不知不覺間，我開始寫一些莫名其妙的書。就連這些極為個人的夢想、它們的陳列展示，也能像這樣普及化。

「過去挫敗的種種夢想和目標當中，一以貫之地存在著自己真正想要實現的事，始終如一。」因此，原本的夢想、志向、核心，不會因為外力而破碎。

我想要把它稱為「第零志願」。

22 沒有人能永遠喜歡一件事

就像沒有人能永遠喜歡一件事，也沒有人能讓別人永遠喜歡自己。

但稍微喜歡一下，感覺是做得到的。

一下喜歡一下厭煩，然後又喜歡上，這又是什麼？但感覺並不討厭，那就是喜歡嗎？——如果是這樣的反反覆覆，好像又容易多了。

不需要分分秒秒一直喜歡。

不管是對工作、音樂、電影、街區、朋友和家人，同樣地，還有情人和自己，我認為都應該要有這樣的寬容。

如果被「喜歡」或「愛情」這些詞彙過度束縛，那就本末倒置了。

23 名言應該親身試驗

幾年前，我打開電視，畫面出現一大群制服穿得邋裡邋遢，貌似不良少年的學生。其中一名提出了「努力真的不會背叛你嗎？」這種問題。

對此，老師說：「努力不會背叛你，這句話並不正確。不會背叛你的，是在對的地方、朝對的方向付出足夠的努力。」這位老師不是別人，就是林修[3]老師。

我忍不住深深地吁了一口氣。因為還有另一句屹立不搖的名言，與這句名言是兩個極端：「努力絕對贏不過痴迷。」

我們到底應該相信哪一邊才對？

我在樂雅樂和朋友聊到這件事，朋友說：「人只相信自己想要相信的事。」他接著又說：「所以名言只能親身試驗。試了管用，就繼續奉為圭臬，試了沒用，就拋諸腦後。」他這句話，是我最為中意的名言。

3 註：林修，日本知名補習班教師，二〇一三年因過去演出的電視廣告而爆紅，踏入演藝圈。

24 不持之以恆的選擇

持之以恆很重要，韜光養晦也很重要。千真萬確。

但是，說「持之以恆就是一切」的人，是憑藉持之以恆成功往上爬的人。是「剛好幸運投胎在只要持之以恆、只要努力就有回報的世界線」。

如果你是模範生，這一節對你沒什麼用處。

問題是放牛班，或說不良分子。

不良分子會說，什麼鐵杵磨成針，是頭殼壞去了吧？這年頭還搞什麼師徒制，去吃屎吧！他們這群人是「因為不持之以恆，而發現新光芒的人」。

實際上，聽說這年頭的壽司師傅，也有修業一年就立刻自行創業的例子。一想到不良壽司師傅捏的壽司，忽然餓了起來呢。

不是說哪一邊是對的、哪一邊是錯的。

不管是持之以恆派或反持之以恆派，應該都無法反駁以下的事實：

「人生苦短，沒辦法把時間耗在追求本質上不適合、不喜歡的事物上。」

「人生美好，苦蹲在連個嚮往的目標都沒有的地方太浪費了。」

回想起來，學校沒有教我們「停止堅持」、「放棄」這種緊急而重大的選擇。或許我們會如此害怕「不再堅持」、「半途停止」，就是這個緣故。不管怎麼樣，二十幾歲時，每當面臨重大抉擇，「是否要現在放棄」這個問題就會隨之浮現。

附帶一提，我基於「這樣好像比較好玩」的簡單理由，辭掉過數不清的工作。每一次經濟都陷入困境，早午晚靠公園的飲水台充饑，也曾在冬季為了禦寒，用打火機烘烤著雙手入睡。但我一點都不後悔。因為當時連這些都有趣極了。

正因為是要不要辭職這類的重大決定，我更重視「輕巧」。「有不有趣」、「好不好笑」、「色不色情」、「美不美麗」，我重視的是這些。我認為如果猶豫不知道該選擇哪一邊，回歸到單純一點的層面去思考比較好。重要的只有一個：自己定下的基準。而不是只會出一張嘴的別人的基準。

25 運用技能的五種方式

如果你模糊地在想該不該考取某些證照，那就絕對不能忘記這件事：

「大部分的事物，都有五種立場」。

譬如說，開始準備證照考試的人；能實際運用這種證照技能的人；雇用具備這種證照的人；創立這種證照考試的人；有辦法突破證照考試要求的知識與智慧，鑽漏洞的人。

這五種人當中，會從第一種人開始被人利用。

26 不要只是普通

常說「普通的男人」、「普通的女人」，但只要是人，總有些沒救的地方。

世上沒有任何所謂的普通人。

雖然沒救，但設法去彌補，或努力想要變得普通，結果還是沒能成功。

然後回首過往，喟嘆著：「當時我好渴望得到普通的幸福啊！」

所以我們才會指著彼此糟糕的地方笑著「真是沒救了」，或是沒救的地方變得更糟糕，但彼此扶持，一路走來。我覺得這才是真正的普通。

因為有凹有凸，才能嵌合在一起。因為有缺點、因為不完美，所以才迷人。

咦？我不小心岔題了嗎？不過，一切都是這樣的。

別再粉飾太平了。我們應該大大方方地曝露出自己有多糟糕。

27 判斷的基準

一、這件事可以向父母炫耀嗎？

二、這件事可以向自己未來的孩子炫耀嗎？

三、可以預見到自己會在人生的最後一刻，後悔為什麼沒有做這件事嗎？

四、這件事讓現在的自己興奮期待嗎？

五、這件事散發宜人的香味嗎？

六、這件事是令人拍案叫絕的浪費嗎？

七、這件事是費盡千言萬語都無法描述的嗎？

28 我配不上他的自卑心

有時候，雙方都深信「我配不上你」的兩個人，意外地可以長長久久。

不過，「你有不讓我看到的一面」。

懷著這樣的念頭才是剛剛好。

29 值得相信的渺小預感

覺得「這個人好像有點糟糕」時，那個人大抵真的很糟糕。
覺得「這個人讚透了」時，那個人大抵也不行。
可是，覺得「這個人好像滿不賴的」，那個人就會一直都滿不賴的。
我想我們其實比自以為的更要深愛「無法言說之物」。

30 有膽量的人生態度

好看的女人如天上繁星，可愛的女人也多如牛毛，聰明的女人則偶爾可見。說這種話，似乎會引來女性主義者的撻伐，但請先讓我說下去。

有些女人喜歡比自己年長的男人。可能是因為她們在經濟上沒有太多餘裕。然而實際上，不管是更年長、更年輕還是同齡的男人，都一樣最愛有爆炸場面和性愛場面的電影、最愛炸蝦、最愛媽媽，甚至曾經邊哭邊打手槍過，整天滿腦子就只想著色色的事。大叔看起來性感迷人，只是因為他們善於隱藏這樣的一面罷了。

換句話說，站在年長男性膚淺的角度，他們只會覺得年輕女子沒錢沒知識沒經驗也沒自信。要讓這樣的女生對他們存有某些幻想，擄獲芳心，是易如反掌。

這些人一旦從年長的女人身上獲得一定程度的經驗後，就不再需要她們了，而這些年長男性，也不覺得自己需要年輕女人的精神。

我們常常對年齡差戀愛存有過多的幻想。

年齡差戀愛裡面有的，是來自經驗差距的幻想。這時候，會有新潮女子冒出來嚷嚷：「我外貌姣好又這麼愛他，為什麼卻不是他的正牌女友？」或者有保守女子豁出去地說：「就算不是正牌，當小三我也心甘情願。」這兩種女人大部分都會聽CreepHyp的歌。

我也超愛CreepHyp的，常聽他們的音樂。

接下來要說的，是超級主觀的意見，或許無法當做參考。

我認為女人唯一需要的，不是美麗也不是可愛。不是曲線、水嫩，不是奉承，不是優雅，而是膽量。就算飯碗丟了、就算身無分文，也要一個人活下去的魄力與氣概，是這樣的膽量。是承受得住這種孤獨的人生態度。

美麗可愛的女人滿街都是，膽量過人的女人卻難得一見。

美麗會色衰，可愛會消逝。但人生態度的率真，是絕對不會消失的。

願意屈居小三的女人缺少的，或許就是這份膽量，但這唯一的欠缺，卻是致命傷。我把這番話告訴某個男人，對方回說：「男人需要的是討喜，才不是膽量呢。」至於這話正確與否，就交給各位判斷了。

總之，人性的複雜與棘手，可不是市售的戀愛教戰手冊或LINE聊天室的戀愛文章應付得來的。

31 挑對象最好找精神穩定的人？

每個人都異口同聲地說：「挑選對象時，要找精神穩定的人。」卻很少看到「學會幾套穩定精神的方法，讓自己可以教導另一半」的慈愛派。洞悉「看起來精神穩定的人，只是善於扮演」的清高派也很少見。

「精神不穩定是沒辦法的事，我自己也一樣，所以我們一起揮舞仙女棒，衝向大海吧！」敢於這麼說的破滅派更是難得一見。

「說到底，不管是精神還是人生，都絕不能安於穩定！這世上不可能有什麼穩定！」能夠架勢十足地如此宣言的「歌舞伎」派，一樣是稀有動物。

我這話應該不會太極端吧？

32 缺席的投緣度

「一陣子不見，就會變得不在乎，所以隨時都想見面。」有點戀愛體質的女性朋友在大白天的樂雅樂這麼說。

「可是他卻不是這樣。他是那種不見面也無所謂的人。他會不會有別人了？因為如果真心喜歡，不管再怎麼忙，都應該會努力抽空跟對方見面吧？」她連珠炮似地發出殺傷力十足的話。

我將其稱為「缺席的投緣度」。不在身邊時聯絡的頻率、聊天的頻率、做愛的頻率，這一切都可以說是缺席的投緣度。

「合則天堂，不合則地獄。」我披露這番見解，結果在場的另一名已婚女子說：「是妳沒有好好祈禱吧？」煽動著說「妳還會想要見他，就該慶幸了」，並看著手機喃喃自語「我沒跟無法獨處的人談過戀愛，所以不太懂」。被教訓一番的戀愛體質女，眼睛盯著腳邊，一動也不動。一旁的我拿起菜單，點了個聖代。

33 瀟灑男女的時髦主義

約會的尾聲，大部分都是在站前道別。

女友消失在驗票口。她沒有回頭看我，目不斜視地消失在人潮裡。

不知為何，這時我陷入強烈的不安。

回想起來，這是我第一次遇到女友頭也不回地颯爽離去，只是這樣罷了。然而不知何故，卻讓我耿耿於懷。後來我問了本人這件事。

「道別的時候，我向來不回頭。」果然，我心想。我問她為什麼。

「因為不回頭的女人才迷人，對吧？」

我忍不住笑了。因為她的戰略實在是太經典、太正確了。

輕忽大意的人都愛說「我喜歡會做菜的伴侶」。

但只要有食譜、有時間、有錢，猴子也會做菜。我也會做菜，只要有心，什麼菜都做得出來。但聰明的人刻意不為另一半下廚。雖然也會打掃，但刻意不為另一半打掃。也不幫他們洗衣服。

臨去之際，只要想回頭，隨時都可以回頭，但刻意不回頭。

服裝和化妝也是一樣的道理。

世上最美的人，莫過於穿上想穿的衣服、畫上喜愛的妝容，怡然自得的人。陷在討戀人歡心的小技倆當中，扭曲自我，買回顏色根本不喜歡的衣服，這種人實在太可憐了。實際上，出於義務感而買的衣服，到頭來根本不會穿。

「我才不打算為你而活」——我認為這樣的想法，作為一個人的天性、作為一個人，顯然才是堅定不移、足堪仰賴的。

不管男人女人都一樣，從髮梢到腳尖，壓根不為他人而活。這樣才是「正當的情投意合」吧？即使如此，偶爾還是會有想要義無反顧地為對方付出的瞬間，如閃電般造訪，讓人跨越這番原則的高牆。

遇上這種時刻，坦然去做跨越自我規範的事就行了。

讓人身不由己地打破自己立下的規範，這股衝動就是被稱為戀愛的感情。

在那之前，我們只要穿著中意的衣服，道貌凜然地在街上闊步就行了。

34 炮友婚禮

「他是個床上功夫很爛的可愛男生。但他很會用無聊的理由把我在夜裡拐走。他的ＩＧ毫無統一感。會穿尖領的古著花襯衫。好像是女友送他的銀戒指也很俗氣，但這是唯一讓我安心的東西。我想我們是戀愛未滿的關係。有時垂手可得的東西，反而讓人憐愛不已，不是嗎？沒錯，他讓我覺得憐愛。」

「她是個無足輕重的女生。適合當朋友，不適合當女友。適合上床，不適合婚姻。每個人都有這樣的對象。她明明有男友，我實在不懂她為什麼要跟我上床。我想大概是因為我一次都沒有觸碰過她的核心。這類故事的結尾都是一個樣。她一定會比我忘掉她更快地忘掉我。」

我看過這個男人參加這個女人的婚禮。

35 透露內心的危險問題

在現代，最受到喜愛，也最受到厭惡的流行語之一，或許就是「emoi[4]」。「說到底，emoi是什麼意思啊？」我曾經出於好奇四處問人。

十幾歲的青少年說是：「看似無所不在，卻不存在於任何地方的東西。」

二十幾歲的女生說：「要說的話，是前任身上那種憂鬱的懷舊感。」

三十幾歲的朋友解釋：「是生與死的模糊地帶。」

另一個朋友推測：「是會突然消失不見的事物。」

我最近的解釋，是「介於憐愛與揪心之間，沉澱於青色之中的記憶」。

對於不明所以但想要珍惜的事物，古人將其放入「物哀[5]」這個黑盒子裡記憶起

4 註：emoi（エモい），用來形容各種微妙的感情波動，像是寂寞、揪心、感傷等。源自於英語的emotional。

5 註：物哀（もののあわれ），日本平安時代文學的美學理念，主要指受到感官觸發的各種幽深的情趣哀愁。

來。詞彙會改變，但時代的共感總是不變。

話說回來，不覺得上面的問題相當危險，會讓回答者輕易曝露出極私密的戀愛弱點嗎？

36「沒有你，我也活得下去」

說到失戀歌和放閃歌，哪一邊比較多呢？

雖然沒有數過，但我總覺得失戀歌比較多。因為聽音樂的時候，人是孤獨的。而失戀歌一言以蔽之，就是「沒有你，我也活不下去」。

然而，來自英、美、韓國的女歌手歌曲，卻不是失戀歌，也不是放閃歌。歌詞會如此破口大罵：「沒有了你，我一個人照樣可以活下去」、「因為我是個壞女人」、「去死吧你活該」。

或許只有我一個人這麼感覺。因為我不是音樂創作者，所以才能這麼說也不一定。也就是說，如果只有放閃，或是只有失戀，總讓人覺得有點可憐。

但若是將兩者融合在一起，會怎麼樣？

「沒有你，我也活得下去。可是有你在，我會更開心。或者說，也許本來可以更開心。」

37 自戀者說不定可以拯救世界

我對自戀的人沒有抵抗力。

要是我在沮喪的時候，有人像漫畫一樣問我：「欸，要不要摸一下胸部？」我就會笑出來。但我絕對不是胸派。

想死的時候，要是有人對我說：「先不管那個，欸，我是不是超好看的啊？」就會覺得一切都荒唐可笑起來。在好的意義上，一切都無所謂了。

這個世界很巧妙。

在自厭者身邊，有個自戀者陪伴比較好。不是因為自戀力夠強的人，會連自厭者也一起肯定，而是相反，自戀者會徹底忽略自厭者的存在。

與其說胸部或超級帥哥美女拯救世界，倒不如說自戀者才會拯救世界。

38 愛上矛盾 1

話說回來，「自戀者說不定可以拯救世界」的內容，和「二十幾歲需要的不是自信」的內容，是不是彼此牴觸？

發現這一點的讀者聰明絕頂，很適合去審查論文。

不巧的是，人生就是充滿了這種矛盾。

乍看唱反調的觀點，絕對不是相反的意思，就讓我這麼說吧。

39 愛上矛盾 2

被逼急了，就裝傻地「喵」一聲吧。

40 愛上矛盾 3

雖然不會聯絡，但心心念念。什麼也沒說，但有千言萬語想要訴說。

雖然不重要，但一直惦記在心。雖然不愛，但萬分珍惜。希望對方瞭解，不過也無所謂。

我現在大概是這種感覺。

也不是討厭，但現在不想見面。或許已經結束了，但還想再掙扎一下。

雖然覺得無所謂了誰都可以，但誰都可以又好像有點那個。

我現在大概是這種感覺。

不，老實說，已經很久都是這種感覺了。

所以最近我喜歡灰色。不是下雨，也不是放晴的日子，最得我心。

41 說再見的時間

原本深信不移的書、電影、音樂、話語，突然再也打動不了自己——人生總是會遇到這樣的時刻。而且是一次又一次。你一定也遇到過不只一次吧？

這並不單指大眾娛樂。上司或老師、工作或同事、朋友或土地也是一樣的。

突然間，就是有什麼不對勁了。然後驚訝、困惑，陷入沉默。

可是，這並不是因為你變冷漠了，也不是感情麻木死去了。

只是你的心一夕之間成長了而已。

太過悲傷是不需要的。還有一點：

一直以來相信的事物，是你真正的原鄉。

人平常是不會回想起故鄉的，對吧？

如果覺得失去了什麼，我建議可以返鄉看看。

42 比起流行，百年前就奠定的經典更好

陰晴不定、喜新厭舊、見異思遷的我，過去不斷地被各種服裝雜誌的言論所迷惑，被現成的流行拐騙，買了明年絕對不會穿的衣服，穿在身上發現果然還是不適合自己，結果連一季都沒過完就不穿了，這樣的戲碼反覆上演。

俾斯麥說，愚者不會從歷史學習。

但也可以換個角度想，我們人類就是不知道學習的大愚者，所以才會戀愛、追求時尚、浪費金錢，也因此經濟才會推動，歷史才會循環。

不過，我已經受夠浪費金錢了。

與其如此，從最一開始就購買能珍愛一輩子的衣服，最起碼十年、二十年後依然不褪流行的質料和款式，也就是頂尖的經典款更好。

比起流行，百年前就奠定的經典更好。

再也不用追逐眼花繚亂的流行。

以自己的方式，用百年前奠定的經典來打造自我。

就算貴，也最好買下來。因為貴，才會珍惜，因為珍惜，才能長久。也不怕和別人撞衫。百看不厭，賞心悅目。即使壞了，以跨年代為前提製作的物品大都經得起多次修補。即使哪天自己不用了，也可以賣給別人。不管皮鞋、手錶或外套皆是如此。

此外的內衣和T恤，這些消耗品不必買貴的，破舊了就換。如此一來，就能永保新鮮。我認為這才是聰明的購物方式。

除此之外還有一點。

不能忘記「我現在手上的東西，有可能變成我的遺物」。

我們活在世上，是為了某一天把某些東西瀟灑地送給別人。

既然如此，我想要在最棒的遺物圍繞下死去。

就是因為說這種話，存款數字才永遠多不起來，但我覺得能夠靠物質買到的幸福，就放手去買吧。

當然，以為可以用一輩子的東西根本不堪使用的情形多不勝數；或者，覺得人說穿了還是早早褪盡鉛華才好，這種情形也多不勝數。明白的話，就速速先去沖個澡吧！

43 下雨和事後，只屬於我們的播放清單

夏季。蘑菇帝國（きのこ帝国）的〈時滞錯覺〉（クロノスタシス）。indigo la End的〈夏夜的魔術〉（夏夜のマジック）。富士纖維樂團（フジファブリック）的〈年輕人的一切〉（若者のすべて）。cero的〈Orphans〉。〈樂園寶貝〉（楽園ベイベー）、〈夏天的回憶〉（夏の思い出）、〈長短祭〉（長く短い祭），等等。如果將這些曲子用Apple Music集中在一起，就完成了一份完美的夏季播放清單。

散步。聽歌。開心。快樂。可是好寂寞。

所以把歌單傳給戀人。結果收到戀人的夏季播放清單。聆聽。沒聽過的曲子，不認識的歌手。喜歡上其中之一。稍微窺見了對方的孤獨，這也很有意思，然後季節更迭。在新的季節，製作新的播放清單傳給彼此。在過去，這或許是以錄音

帶或CD來進行。

喜歡上一首歌，會讓一個人變得如此孤獨。

所以才有公開的價值。交出秘密，就會得到秘密。

和戀人交換播放清單。如此奢侈的事，我知道的不多。

萬一失戀該怎麼辦？那不是我們該管的事。

44 比起戀人，我更想要超戀人

世上沒有永恆的愛。所以現在，我想要寫出完美的情書。
危險的話、揪心的話、不解其意的話。
擠出現在我所能擠出的一切，試著傳達。即使絞盡所有，或許還是哪裡有剩。
如果這能傳達給你就好了。
傳達不了也沒關係。
我想要拋開理論，也想要丟掉身體，丟掉行星。我只要純度。
即使都知事[6]發布戒嚴令、某天我的家人因為莫名其妙的理由死去、電視播報的新聞再悲慘，我該做的事都一樣。你該做的事都一樣。
你什麼都不必傳達給我。
如果你試著傳達什麼給我，現在我想要全力去感受。

世上沒有永恆的愛。不需要下一次的約定。

只要技巧十足地邀約就行了。我不是三歲小孩，所以也知道只要技巧十足地埋下伏筆就行了。不過，已經不需要這些小手段了。這些技倆，都只是妨礙。沒有下一次。這才符合我的性子。然後我會哭著買下戒指，把收據扔進海裡。

請原諒我，這已經不只是喜歡的程度了。

請原諒我，就連如此狂妄的念頭，也回頭就忘了。

世上沒有永恆的愛。但這是世上的戀人最渴望的事物。

已經被摸爛了的事物。戀人，這無意義的詞彙。永恆，這無法構成任何修辭的詞彙。或是語言本身。它們只是單純的虛構。

只不過是春天、冬天這些東西罷了。

比起戀人，我更想要超戀人。什麼是超戀人？我哪知道。

---

6 註：知事爲日本一級行政區（都道府縣）的首長職稱，相當於台灣的市長，都知事指的是東京都知事。

我不知道超戀人會為我做什麼，也不知道我該為她做什麼。不知道她不會做什麼、她在哪裡，也不知道與她對望的我是什麼。

真要說的話，連她是不是在地球都不知道。

她或許是外星人。或許住在別的星球上。

可是我想要超戀人。誰來，當我的超戀人。

45 一切非黑非白，而是灰色

戀愛是「不可以再更喜歡」與「可是我眼中只有你」的矛盾碰撞出來的火花。是被「想要破壞」和「想要撫慰」的欲望所撕扯的瘋狂。那麼，愛一定是「絕對不想分開」與「何時各分東西都無所謂」這兩種相反的覺悟交錯、綿綿無盡期的長期戰。

工作是在「好麻煩」與「非做不可」之間擺盪的麻煩精。家人則是位在「無法原諒」和「想要原諒」的隙縫間，總是教人彆扭。如果同居處在「彼此作對」與「彼此扶持」的境界，那麼，我覺得婚姻就是處在「不是你也可以」和「可是不知道為什麼選擇了你」的搖擺之中。

大部分的人都無法承受相反的矛盾。想要釐清黑白。

但大部分的事物和感情幾乎都是矛盾。

能否承受，端看能否維持理智。

不巧的是，天氣預報最多的日子不是晴天也不是雨天，而是陰天。會如此渴望分出黑白，穿上黑色或白色，是不是因為我們自己就是灰色的存在？

46 對了，我覺得麥昆[7]的人生觀非常可貴

我喜歡以「什麼時候辭職都無所謂」的態度在工作的人。

有時也會覺得說出「別人不喜歡我也無所謂」的人特別美。

說著「其實不是這個人也無所謂」，步上紅毯的朋友臉上的表情，我也很喜歡。先不論他們後來怎麼了，決心直到最後一刻都要從容自在的人，真的很棒。

啊，可是為什麼有時候就連這樣的從容，都讓人覺得討厭呢？

7 註：亞歷山大．麥昆（Alexander McQueen），英國鬼才服裝設計師，曾說過自己想當一個不合時宜的人。

47「即使沒有夢想，一個人依然會成為他注定要成為的人」

我聽說過這麼一件奇妙的事。

一名女子從事ＳＭ女王為業。她的工作就是鞭打男人。

她說某一天，她萌生這樣的疑問：

「在對人類施加最大限度的痛苦時，物理上能夠容許的極限在哪裡？」

她是一位嚴以律己的專業人士。為了理解這個疑問，居然考到了醫師執照。

她應該本來就是個聰明的人。說起來，怎麼會成為ＳＭ女王？我不知道是因為經濟，還是為了追求快樂。可是成了ＳＭ女王的她，考到了醫師執照。

她自己也不太可能預料到這樣的發展。但人生就是這麼一回事，不是嗎？

我從朋友那裡聽到這件事時，幾乎確信了：

「即使沒有夢想，一個人依然會成為他注定要成為的人」。

還有「天注定的事，也只能接受」。

最後，寫下這些文字的我，原本也絕對無意成為什麼作家。

48 針對「九成的煩惱都不會發生」的說法

「九成的煩惱都不會發生。」我曾在某處聽過這句話。當時我覺得或許如此。不，我希望真是如此。

然而現實是殘酷的。

擔心或許畢不了業，結果真的畢不了業。擔心求職或許拿不到內定[8]，結果真的拿不到內定。擔心或許工作沒辦法長久、或許會窮到脫褲，結果真的丟了飯碗、錢包空空如也。擔心會被甩，結果真的被甩。擔心遇到意外，結果真的出事。擔心可能會離婚，結果真的勞燕分飛。

或許這單純因為我是個糟糕的人。

但從我的經驗來看，「九成的煩惱都不會發生」這說法，實在是令人難以苟同的不負責任言論。

最好抱著這樣的想法：擔心或許會發生的事，全都會發生。

但是——不，正因為如此，我相信：「即使處在擔憂、倒楣和不幸當中，也要繼續跳舞，這才是人生」。

8 註：內定即工作錄取之意。日本大學生在畢業前一年開始求職，如順利取得公司「內定」通知書，代表可以在畢業後就職。

49 大前提是，人只能排泄出吃下去的東西

以下詳述此一論點。

人只能以自己被善待的方式，去善待別人。

人只能以被拯救的方式，去拯救別人。

人只能以被親吻過的方式，去親吻別人。

人只能付出自己得到過的愛情——很可悲地。

世上沒有所謂原創、獨一無二這類崇高的事物。

每個人都是別人的複製品。一切都是借來的。而這個世界是一場借物賽跑[9]。

人只能藉由遇到的人來形塑自我。但光是這樣，世界未免太狹隘了。

要突破世界的藩籬，方法只有一個。

人只能說出見聞過的話語。

但見聞過的話語，不需要是來自實際遇見的人。

「只要讀過同一本書，就可以對話。」這是一九八〇年新潮文庫的宣傳標語。如果共同之處不只這本書，會怎麼樣？如果讀過十本一樣的書，就非常契合了。若是讀過幾十本相同的作品，不需要太多的話語，也能打從心底理解彼此。從一開始說話就投機的人，讀過相同作品的可能性很高。從一開始就完全話不投機的情況，很有可能對方完全不看書。

「不讀書，證明了這個人並不孤獨。」這是太宰治的名言。其中摻雜了欽羨，以及超乎這份欽羨的挖苦。

書，還是讀一下比較好。

盡量多讀。因為讀過多少書，就能增加多少擁有相同語言、相同孤獨的人數。如果遇到有趣的書，就多多向人推薦，或是送給你重視的人。

因為這是對急速分裂的世界最好的反抗手段。

9 註：借物賽跑是一種競技，選手需要在途中抽取題目，向朋友或觀眾借符合題目要求的物品或人，帶到終點。

50 你離開後的椅子

我去埼玉大宮的朋友家作客時，他五歲的兒子興沖沖地向我介紹最近喜歡的動畫和角色。我點頭附和時，忽然想起了某段話。

因為是依稀記得，所以並非字句精確，但大致是這樣的內容：

「要打從心底相信虛構的生物。它們會在孩童的心中打造出椅子。孩童會讓虛構的生物坐在椅子上。長大之後，當孩子發現世上沒有這些生物，它們便會從椅子上離開。然後這些空出來的椅子，就可以讓真正重要的人坐上去。」

這是以《爸爸的飛龍》（*My Father's Dragon*）、《好奇猴喬治》（*Curious George*）等翻譯聞名的兒童文學翻譯家，已故的渡邊茂男所說的話。

為何每當我想起這段話，就會感到揪心不已？

我覺得是因為，這段話省略了當重要的人離開椅子時，我們該如何是好。

重要的人消失了。

這是椅子的錯嗎？

是重要的人的錯嗎？是選擇了他的自己的錯嗎？

我覺得，我們必須再一次重新打造虛構的椅子才行。

必須回到為我們打造那把椅子的虛構生物身邊。

回到把美麗的故事原汁原味地告訴我們的事物身邊。

到了這把年紀，繪本已經過於耀眼了。可是不管是以前相信的話語、小說、電影、音樂、戲劇、場所景色、老師，什麼都好，我們必須回去那裡。

必須回歸到重要的人出現以前，滿不在乎地一個人過日子時，找回屬於自己的正義、愛情與哲學。

我覺得必須像這樣重新打造出椅子。

而完成後的椅子，必須先讓自己坐上去。

如果發生了糟糕透頂的事，就說「第一章結束」。
因為許多小說也都會把糟糕透頂的事，
放在第一章最後。

第 2 章

關於現實，赤裸的幾個真相

在軟弱的時候親近你的人，
不一定都是好人。
你以為是敵人的對象，
幾乎都不是真正的敵人。

51 談談夢想破滅的人

「我的夢想是成為飛行員。」大學時期，有個朋友這麼說。

他從六歲就懷抱著這個夢想。要求父母買了許多飛機模型給他，一有空就跑去機場看真的飛機。房間書架上是滿滿的飛機攝影集、資料書和航空專書。用不著問，也知道他一定在畢業文集上侃侃述說他的飛行夢。

某天夜晚，他開車帶我到羽田機場兜風。

「我知道現在飛過上空的飛機要去哪裡。」他靦腆地告訴副駕駛座的我。

我不認為他在吹牛或誇大。「我想也是。」我點點頭，他笑了。

從旁邊看不出來，但他的鼻梁歪了幾厘米。

他說一點細微的異常都會影響飛行員考試，因此去做了整形手術矯正。

求學期間，他一次都沒有考過第一名以外的成績，還在硬式網球的全國比賽中拿到冠軍。要是他的個性爛到家，或許我已經和他成為死黨了，但他是個骨子裡活潑陽光的九州男孩，還養了三隻笨兔子。女友是從國中就開始交往的初戀情人。他毫不害臊地跟我說，等他成為飛行員，就要跟女友結婚。

可是，他沒有成為飛行員。

航空公司的面試，全部都被刷下來，甚至無法進入最後一關面試。理由我也不清楚。然後他的LINE再也沒有回覆。當然電郵和電話也不通。

十五年間，每分每秒不斷地渴望，渴望到極點的夢想，幾乎在一瞬間破滅了。

結果連他大學是否畢業，我都不知道。

五年後，我聽到消息，說他已經有了個兒子，在地方當公車駕駛。和共同朋友喝酒時，也愈來愈少聊到他了。但每當聽到從上空呼嘯而過的引擎聲，我就會想起他。

某天，我忽然回憶起他，在臉書搜尋他的名字。

現在的他，成了一家公司的老闆。是間將廢棄的國產電車出口到中國的公司。

他的大頭照，放著一張笑容滿面、坐在看起來要價不菲的賓士 G-Class 駕駛座上的照片。

總覺得這是某種玩笑。

但二十幾歲的日子，本來就是一連串可怕的玩笑。

接下來我想談談關於現實，赤裸裸的幾個真相。

Note

關於二十幾歲的55個體會

1 最棒的二十幾歲，就是最爛的二十幾歲。

2 遺憾的是，以爲是敵人的對象，幾乎都不是眞正的敵人。

3 不得不偏離王道人生的時候，人生才正式開始。

4 即使逃避，逃避的對象還是會在背後窮追不捨。

5 等待的時候，偏偏就是等不著。

6 外表和內在都很重要，但最重要的還是膽量。

7 終究會失去任由末班車離去的體力，要多多離家出走。

8 失去受傷的勇氣，就會迷失人生。

9 現在做得到，不代表永遠做得到。

10 現在做不到，不代表永遠做不到。

11 爲欲望寫下日期，爲夢想訂下期限，爲結束做好心理準備。

12 沒錢不能作爲什麼事都做不到的理由。

13 決定一件事是否無用的，不是現在的自己，而是未來的自己。

14 沒有人生導師的話，就自己當自己的導師。

15 沒有想要的東西，就自己打造。

16 不要把工作當成工作，工作是牽扯金錢的遊戲。

17 不要把遊戲當成遊戲，遊戲是不牽扯金錢的義務。

18 光只是不斷地消費，會陷入憂鬱。要去創造。

19 人只會記住受到感動的瞬間。

20 幸福不在過去或未來，而在全心專注當下的時候。

21 語言運用方式相近的人，可以處得很好。

22 邋遢程度相近的人，也可以處得很好。

23 因爲相同理由討厭某樣東西的人，可以處得很好。

24 爲無人關心的部分付出的美學分量同等的人，也可以處得很好。

25 在你沮喪、軟弱的時候親近你的人，不一定都是好人。

26 讓你在經濟上予取予求的人，不可能是出於純粹的好意。

27 說話隨便的人，對工作和人也一樣隨便。

28 不適合早上的人，一輩子都不適合早上。

29 比起單薄的上榜體驗記，厚如電話簿的落榜體驗記更有看頭。

30 經過十年，才能確定到底是不是朋友。

31 所以到現在都還沒有半個朋友也是理所當然。

32 朋友有五個就很夠了。

33 不必勉強原諒父母，但無法原諒的時間，也遲早會過期。

34 父母會突然離世，別在那裡五四三，每年至少回去探望他們一次。

35 不管花多少錢都不心痛，這就是愛。

36 做人不必坦率，不坦率的人可以變成死黨。

37 做人不必坦率，世上只要有一個能對他坦率的對象就夠了。

38 把社群媒體上你關注的人約出來，對方可能變成你的事業夥伴或結婚對象。

39 社群媒體上沒有半個眞正快樂的人，這在某種意義上是唯一的救贖。

40 不要捨不得爲難忘的一晚或一刻花錢、下工夫。

41 不用變成「誰」，世上不需要兩個一樣的人。

42 不必想成爲大人物，身爲無名小卒的期間會持續一輩子。

43 若是不必要地散發光芒，電量一下子就會耗盡。不管是手機還是人都一樣。

44 與其抓著手機不放，現在立刻抓起某人的手，衝向最近的海邊吧！

45 體恤才是一切。

46 自己沒有的，不能要求對方。

47 自己不打算改變，就不可能改變對方。

48 連稱讚都捨不得，卻想隨心所欲操縱對方，是一種傲慢。

49 不斷地付出，能獲得回報是走運，要懷著這樣的心態。

50 什麼都不做的人，什麼都不會是天經地義。

51 但我們依然不是爲了「不吃虧」而活。

52 我們也不是爲了「占便宜」而活。

53 在比自己年輕的人裡面找到效法對象。

54 把「我只能是我」的豁達當作起點出發。

55 把「我能放下自我嗎？」當作最終目標。

最後，質疑這份清單的每一項體會。

52 我們如何放棄對天才的執著，逆襲而上？

世人都喜歡天才。

努力的天才、從來不需要努力的天才。任何一種天才，都被高高捧起，然後重重拋下，這是世間常有的事。如果不說服自己「只要努力，我也辦得到」，然後什麼都不做，人早晚會枯竭。

人類真正就像是「祇園精舍之鐘聲、娑羅雙樹之花色[10]」，猶如春夜之一夢。

「做個普通人就好了。」這麼告訴我的，是小學的美術老師。

那堂課是畫自然風景。我坐在樹蔭下的地面，想要畫校舍和天空。然而不管是色彩、線條還是構圖，我的技巧都爛到難以想像。現實無法反映在畫紙上。

10註：源自日本古典文學《平家物語》開卷詩，點出諸行無常，盛者必衰的道理。

我抛下一切，盯著雲朵縫隙看過去，結果一頭紫色短髮的老師悄聲無息地坐到一旁，這麼對我說。

「我不這麼認為。繪畫是一種才能。畫得好的人就是畫得好。明知道畫得很爛，卻要畫到最後，我不懂這有什麼意義。」我囂張地如此反駁。

「畫得爛沒關係。畫得爛也可以很有趣。」老師還是維持一樣的觀點，把我的話一筆勾銷。

不僅如此，她還接著說：

「不用試著變成別人。不必想要做得好。不需要刻意去做出色的東西。徹底接受自己的普通。如果畫得糟，就糟糕地把它畫完，讓我笑出來吧。就算想要畫得好，也不可能因此畫得好。這當中自有它難以抹滅的魅力。」

當然，我的畫沒有什麼難以抹滅的魅力。但後來每當我看到「天才」這兩個字，或是看到像是天才的人，就會像這樣自動反芻她的話。

「做個普通人。好好生氣、好好哭泣、好好說話，然後好好沉默。不用裝模作樣、不用刻意說好玩的話，也不用變成天才或怪人。因為是普通人，才能瞭解更多人的痛苦、軟弱，以及憂鬱。普通的話，就站在普通的角度思考到底，做出點什麼來。不管順不順利，我都會為你而笑。」

正因為普通，所以才強大。不用變成天才也沒關係。

這是我一廂情願的解讀、超譯嗎？

可是那堂美術課，即使下課鐘響了也沒有結束，不斷在我人生裡持續著。

53 孤獨不只有你一人

我們不能忘記一個前提：有人現在正感到孤獨。

比方說，無法理解爆紅歌手暢銷單曲的，「不只我一人」。

孤單一人度過星期五夜晚的，「不只我一人」。

屈居第二、不願承認遭到遺忘、際遇如此淒慘的，「不只我一人」。

「這份孤獨、這份悲慘，有可能連結上身在某處的他者的孤獨與悲慘」，不能忘了這〇・〇一厘米程度的希望。就這個意義來說，不論是孤獨還是悲慘，都有著強大的意義。有可能拯救某人。

如果只能在其中找到微不足道的意義，那是因為你只想著你自己。

那麼，要如何與他人連結？

只能靠你主動述說了。主動發出「現在，我在這裡」的訊號。

54 所謂才華的真面目

擅長寫作的人，容易看出別人文章的缺點。

擅長說話的人，容易覺得別人說話很無趣。

擅長攝影的人，應該經常看到拍得很爛的照片。

走進鞋店，店員會看鞋子。走進髮廊，髮型第一個被評點。

這裡有三個重點。

首先，察覺某些東西「很討厭」、「很拙劣」，是一種才華。更進一步說，覺得「這個人怎麼連這麼簡單的事都做不到」，表示這是你擅長的領域。具備某種才華的人，總是最難察覺自身的那種才華。

第二點，對你來說理所當然做得到的事，對別人來說並非理所當然。

最後一點，你必須對他人伸出援手。

到此都是你的工作。

55 蒐集第二

在某些領域成為第一。第二名沒有意義。除了第一名以外，其他都沒有意義。
我們常聽到這種話，但其實第二名無所不在。
印象第二深的事物、第二難忘的事物。
第二喜歡、第二擅長的事物。被說是第二喜歡的人。
雖然想成為第一，卻未能如願的種種。
這些事物雖然被視若無睹，但它們一直存在著。
因為不在風尖浪頭，第二名的壓力沒那麼大。雖然也有這樣的好處，但還是忍不住要追求壓力更大的第一，這就是第二名可悲的天性。
我們就這樣哭哭啼啼地蒐集著各種第二。

在此之間，逐漸把自己形塑成獨一無二的存在。

56 對抗這個荒謬世界的武器

有人說，要把「喜歡的事」當成工作。要把「嚮往的事」當成工作。

然而現實沒這麼容易，無法僅靠這些活下去。

除了學校教的五個學科七個科目以外，我們還應該瞭解與現實對抗的武器。

以下是我認為的武器內容。

首先，瞭解自己喜歡什麼。然後瞭解現在熱門的是什麼、人們需要的是什麼、又不需要什麼。為此，好奇、愛與市場敏銳度是不可或缺的。

其次，瞭解現在什麼賣不出去，也要瞭解人們渴望什麼。對現實的不滿、乏味、憂鬱、怨念，全都可以成為線索。必須對自身的缺憾誠實以對。

最後，瞭解自己現在可以端出什麼。這需要膽量、行動力，也需要一些運氣。

好奇、愛、市場敏銳度。缺憾與誠實。膽量、行動力，以及一些運氣。

這些相互激盪而產生的必然之物，就是世人稱為「適性」、「才華」的東西。
缺少任一樣，都會變成「膽小鬼」、「三分鐘熱度」、「炒冷飯」。
如果加上堅持，就成了「工作」。
若能讓人開心，就成了「天職」。
加入怠惰，就是「暴殄天物」。

57 不以身為初學者而恥

假設你下定決心，去做初次嘗試的事。結果被自己的半吊子、笨拙、不完美氣到都快吐了。

即使別人說「沒事的，每個人一開始都是這樣」，你也完全沒辦法這麼想。

但還是只能淡淡地、嚴肅地做下去。

做事時最不需要的就是感情。

只能淡泊地繼續這樣下去。

58 聽到偏方就當成被騙，先試了再說

比方說，頭會痛或許是因為水喝太少的關係。或許是因為沒吃甜食。或根本就是氣壓作怪。不，全都怪到氣壓頭上就好了。

頭痛或許是肩膀痠痛害的，或許是手機滑太久害的。先不管原因是什麼，好好地泡個四十四度的熱水澡，暖和身體，或許就會輕鬆一些。

有人像這樣逐一指點我，我心想「哪有這種可能」，試著照做，沒想到真的就如同那個人說的。這是常有的情形。

不能因為身體是自己的，就太小看身體的道理。

59 審美能力，就是違和感

來談談感性吧。

有個讀美術大學的女生，曾經當場畫圖給我看過唯一一次。作畫期間，她不停地把手暫停〇．一秒，俯瞰整體。想必她是在端詳「有沒有哪裡怪怪的」。我也知道她那雙眼睛看過許多的畫作和畫集。

很快地，她成為了一名職業插畫家。

我有個設計師朋友，他也一樣對違和感毫不留情。

商標設計和字型設計，是一家企業會在公司內外用上十幾二十年的東西。而提案的他，會花上數十甚至數百個小時，對每一個文字進行精細的微調。

可以輕易想像，即使付出的時間不同，YouTuber和美容師也都在進行和這些人一樣的調整。

在我們日常生活的層級也一樣，這種違和感，是經常需要用到的感性。

譬如說做菜，比起「要做得好吃」，更重要的是「如果覺得不好吃，可以依據經驗，馬上嚐出是少了哪些調味料」。

約會也是一樣的。比起「兩個人一起去好吃的餐廳」、「去有趣的地方」這些結果，更能引發好感的，是「即使餐廳不好吃、去的地方不好玩，要如何讓它變得有趣」的修正過程。

啊，有點偏題了。

換言之，我認為所謂感性、品味，就是所謂的審美能力。

而審美能力就是面對違和感，是針對違和感的摸索與修正。

要在某個領域脫穎而出，就必須不斷地對抗這些小小的違和感。

要察覺出違和感，重要的是大量接觸美麗的事物。

但光這樣還不夠。

被認為醜陋、不愉快、乍看之下沒用的東西、感覺扭曲的東西，必須對它們進行考察，思索「為什麼會這樣」、「這東西為什麼會在這裡」、「是刻意的，還是單純的失敗？」並且持續客觀地去審視。

所謂豐饒，就是能否像擰抹布一樣，從眼前的貧瘠擰絞出更多的教訓。就像煉金術一樣。

60 遺憾的是，世上無庸置疑有運氣這回事

我曾經遇難一個晚上。

不堪回首，理由太蠢了。

當時是六月的深夜，我和朋友K開車前往富士山。

起初只是想看看樹海而已，可是車子卻開到了五合目[11]。當時是我們人生第一次爬上富士山，所以不由自主地亢奮了起來，決定「走路到七合目再回去」。視線的前後方，全是一片漆黑。抬頭望去，夜空布滿了多到不可思議的星星。

我們幾乎是毫無裝備地翻越了封鎖線。

靠著手機手電筒的燈光，爬上山路。不知為何，甚至有種懷念的況味。

終於來到七合目之後，我們卻陷入從未經驗過的呼吸困難。天空開始下起小雨。空氣中的含氧量明顯驟降。

「稍微休息一下，就馬上回頭吧。」這麼討論的時候，豆大的雨珠灑了下來。接著發生了可怕的事。

K就在我旁邊，我卻看不到他。下起大雨的同時，也漫起了驚人的濃霧。那厚實的白讓我看不見僅有半步之遙的K，只感覺得到他在那裡。

我凝目細看，看不見眼前的上坡路，也完全看不出下坡路在哪裡。

都是因為我們只看著腳下，才會沒注意到烏雲。而星星也早就消失了。

我不小心一個踉蹌，踢到附近的岩石。那塊岩石發出刺耳的滾動聲，綿綿不絕地一路延續到深谷。在我一步之外的，似乎就是斷崖絕壁。就連它也被濃霧遮蔽，完全看不見。

短短幾秒，我們就徹底遇難了。

距離黎明還有幾個小時。我感覺到一股恐懼讓體溫降得更低。手機電池只剩下

11 註：富士山分成十個區間，一合目是山腳、十合目則是山頂；五合目約爲半山腰處。

不到10%。我心知肚明，是我們太蠢，但現在已經面臨了生死關頭。就算想上網查詢遇難時的保命之道，當然也沒有網路訊號。

「怎麼辦？」我問K。

「回去原處吧。」K毫不猶豫地說。

可是要怎麼回去？還來不及問，他便猛地朝伸手不見五指的濃霧前進。我慌忙追上去。只要走錯一步，就會粉身碎骨。萬一濕答答的腳打滑，絕對會扭傷。只要走錯幾次路，便會陷入更危險的境地。儘管如此，K卻說著「我記得不是很清楚，不過大概是這邊」，在白茫茫的黑暗中左右衝刺。

「我們可能會死掉。」我說。

「可是我們才二十歲耶。」K說。

我覺得我們被無盡的白色惡意四處包圍。彷彿它在喃喃細語：「現在立刻摔死吧！」而我們繼續連滾帶爬地走下看不見的山路。

不知道走了幾個小時。

宛如奇蹟一般，K帶我回到原本的五合目了。

四周依然坐落在深夜之中，彷彿永遠失去了太陽東升的可能。

「你怎麼知道路？」我問K。

「我不知道，靠本能。」他搖搖頭說。

衣服因大雨和冷汗而濕透。沾在靴子上像石灰的白泥巴完全弄不掉，全身各處也沾滿了泥濘，而且處處瘀青。我用手摩擦胸口，想要取暖。一回到車上，我們兩個就像昏過去似地陷入沉睡。

遇難的人似乎都會如此，等過了好幾天以後，凍寒的身體才完全恢復體溫。這天我刻骨銘心地體會到了。雖然也有大自然的恐怖，但我更深刻的感受是，無庸置疑，有些人即使窮途末路，也福大命大，能夠生還。這實在太不公平了。如果只有我一個人遇難，絕對無法回到五合目。即使我視力有二・〇，當時也完全是個瞎子。

世上確實有些人福星高照。

相反地，也有些人倒楣透頂。

然後遺憾的是，世界上是有運氣這回事的。

後來K靠著熟人牽線，參加戀愛實境節目，成了偶像明星，但後來他覺得膩了，轉而進入一流企業工作，過著一帆風順的人生。

至於我，就如同後面會吐露的，接下來等著我的人生根本是一連串的不幸，完全得不到幸運之神眷顧。

一次偶然和K碰面時，他懷念地回顧這場遇難說：

「那到底是怎麼一回事呢？」

但是我明白，那是運氣。我們能活下來，純粹就只是運氣。

或者幾乎全看上帝擲骰的結果。只是祂的惡作劇。

在仰賴運氣指揮時，即使靠努力去對抗，也是徒勞。

當運氣主宰大局時，人唯有接受。還有，不可以三更半夜去爬什麼富士山。

61 應該立刻在電郵草稿匣中製作的七項清單

一、死前想做的一百件事

不管任何時代，完全忠於自己的欲望，才是最大的奢侈。

二、想要的物品

請留意，有時候不需要的東西，才是人生真正需要的。

三、想看的電影、書籍、表演、展覽

年紀愈大，愈會反覆回味相同的東西。要警惕。

四、想要與戀人或朋友一起做的事

口袋裡隨時都有三份以上的約會計畫，是懂得生活的人的義務吧？

五、不敢告訴任何人的話

試著寫下來吧，因為如果當作沒這回事，就會真的沒這回事。

六、工作上的一點企圖心

再怎麼天才的企劃，一開始都只是一行文字。

七、完成的事

不是可惜的昨天，也不是高尚的明天，在平凡的今天完成的，才是人的一切。

我只針對第七份清單詳述。

這份清單，是「單字組成的日記本」，是我最常更新的清單。讀完的書、看完的電影、第一次光顧的店、第一次在此下車的車站、第一次完成的事，僅用單字把這些記下來。

我自己也常懷疑這有什麼用處？但寫下來和回顧的時候，還是會有一點點開心。因為任何一點小事，我都希望能夠永久留存。

62 輸入・輸出的最終定義

我認為我們過度被輸入或輸出這些詞彙操弄了。

比方說，濫讀、積讀（書買了沒讀）、精讀、略讀、速讀等等地看書、看電影、漫無目的地學習。光是這樣，不叫做輸入。

寫日記、拍照、PO上網也不叫做輸出。我認為這些應該叫「滿足於行為」。

正確地說，就是只停在行為本身，沒有不好，卻也沒有更深入。

只有打動自己心靈的，才是真正的輸入。

只有打動他人心靈的，才是真正的輸出。

不管是什麼樣的內容，什麼樣的形式都可以。

唯有感動的時刻，才是會留在記憶裡的時刻，才是活著的時刻。

63 即使如此，輸入仍是一切

戀愛是幻影，愛情是泡泡。幸福和不幸都是錯覺。

不光是這樣而已。

坐在位置上工作，就會覺得好像有在工作。打開書來讀，就會覺得好像變聰明了一點。但實際上，工作和學習幾乎都只是勞動。一旦有「在做什麼的錯覺」，就會整個人生都如此錯覺。所以才需要輸出以作為活過的證明。

輸出愈多愈好，愈強愈好，愈快愈好。和你有相同想法的人不會對你客氣。嚴謹細緻是其次。如果可以，不以企業員工的身分，而是以個人身分輸出更好。即使哪天辦公室被炸了，只屬於你的見識也能派上用場。

輸入是為了輸出。遊玩是為了工作，聆聽是為了說話，讀是為了寫，看是為了做。必須貪婪地不斷安排輸入的預定，連預定外的輸入也要寬大地接受，然後輸出發表才行。不管是好或壞，都要一心一意，分秒必爭。

64 夜型只能奮力掙扎了

有時候認命是很重要的。尤其是夜型人，最好立刻放棄「早晨」。

平成最後一年，英國艾希特大學（University of Exeter）的學者發表了一篇震撼力十足的論文。不過它的內容，應該在百年前就公開才對。

內容講到「夜型人與晨型人，是由基因決定的」。

世界依然是晨型人系統。論文說，夜型人不管再怎麼努力，都不可能順應晨型生活。有時會因為睡眠週期晚了一整圈，結果從夜型生活回到晨型，但人類是無法反抗基因的，最終還是會回歸夜型。

有許多夜型人罹患精神疾病，這是因為「他們是夜型人」，或是「他們不適合晨型生活的世界」，論文並未深入追究。這就像是先有雞還是先有蛋的問題，無從證明吧。但任何人都可以想像，超級甜食派的人要是吃了激辛拉麵，肯定會吃壞肚子。

我絕對是個夜型人。而且熱愛睡覺。

回想起來，我從六歲開始，就是個把傍晚四點起床，早上七點睡覺視為正常作息的孩子。父母和導師都很生氣，常罵我是想逃學嗎？但我可沒有那種念頭，只是在我睡得香甜的時候，學校自己開始上課，又自己放學罷了。

國中、高中和大學期間也是，醒來的時候，通常都已經放學了。我甚至曾因為是夜型人而被女友甩了。打工和上班事關收入，因此我只能勉強在早上起床，卻都無法長久。

儘管惶恐，但做不到的事就是沒辦法。大概一輩子都做不到吧。

因此，各位晨型人，請盡情慢跑、做熱瑜伽吧。但請你們理解，強迫夜型人過晨型生活，從基因上來看就是根本不可能做到的事。然後夜型人們最好建立一套可以維持夜型的生活方式。夜型人動輒與晨型世界基本的價值觀為敵，也有可能從事與晨型常理矛盾的工作。不過遺憾的是，這是基因決定的事。只好Let it be。

夜型人只能奮力掙扎了。

然後，請一天睡滿八小時以上吧！睡眠不足是最要不得的事。

65 想死的時候

「想死的話就去睡覺。若睡不著，就去看夕陽。」教國文的老師這麼告訴我。

「如果感覺心快要死掉，就隨身帶著相機，提高內在對外界的感受度。」這是職場前輩跟我說的。

每當想起他們的話，我就忍不住有點開心。因為感覺他們像是在說：「即使如此，人還是會頑強地活下去。所以放心，然後盡情感到絕望吧。」

要是每個人都活得嚴肅無比，就會在某一天突然患上憂鬱症也說不定。

我的朋友裡面有兩個就是這樣。我問他們是怎麼熬過來的。

一個說，他不斷地把心中的平衡從「無論如何都非死不可」扳向「無論如何都非活不可」。他說，不是非死即活，而是暫時先活著，不斷朝活著的方向邏輯性地跳躍前進。

身心健康的人可能會覺得莫名其妙，但我覺得是非常實際的應對之法。

另一個則說「我決定去創作」。

等他注意到自己生病的時候，不管是電影、音樂還是小說，都完全打動不了自己。就算看YouTube、IG、推特，上面也全是成功人士，太過刺眼了。所以他決定創作自己覺得有趣的事物。他有雙手，有手機。會寫文章。下剋上。不停地寫、寫個不停，漸漸地，他不可避免地看出了無法解決和能夠解決的問題。

他說：「想死的話就寫，寫了也無法解決的問題，只能與它對決。」

確實，一直以來，我也都是把無可奈何的事情一股腦寫下來，然後忘記。日記和照片就像是無可取代的容器，能夠把無可奈何的事，以無可奈何的原貌保存下來。

要是統統都當作不曾發生過，就太可惜了。

人這種生物，光只靠購買、消費，一定無法滿足。所以絕對不能放棄主體性。最後的堡壘，必須自己打造，並且死守到底。

66 行動更勝話語，影片更勝照片，感情更勝數字

年過二十，學歷、職歷和年收都會失去意義。個人的學歷只是反映父母的財產多寡。與其以這種父母的庇蔭去看一個人，看他現在正以多重的筆力和精神在學習什麼更加精確。與其以公司大小、職歷或年收看人，看清這個人是否即使失去飯碗也能重新振作、懷著什麼樣的熱情與冷漠而活更為準確。比起過去，更要看未來。

在這個時代，與其用說過什麼、寫了什麼、公開什麼來看一個人，倒不如以不說什麼、不寫什麼、不公開什麼來看一個人。本質藏在不示人的事物裡。

年齡也一樣，早就已經沒有意義了。即使年歲增長，年輕的人依舊年輕。年紀輕輕便被迫老成的人，另有一套洗練的哲學。

與其用服裝和身上的物品端詳一個人，不如看他有多珍惜一樣事物。

啊，這麼說來，許多人比起照片，在影片裡更可愛。

行動更勝話語，影片更勝照片，感情更勝數字，未來更勝過去。

67 不要把「別人」當成行動的核心

「我說這話是為你好。」父母和老師常說這種話。

但一般來說，人的心裡只有自己。只能想到自己。

畢竟人無法為別人的人生負責。

但這種「為你好」的想法卻意外根深柢固。

「我那樣做，是為了得到那個人的肯定。」

「我這樣做，是希望這個人回頭看看我。」

這是常有的事。乍看之下很有說服力，但我無法相信基於這種動機行動的人。

如果「那個人」消失了、「這個人」變心了，這些努力會是什麼下場？

拿「別人」當祭品的行為，真的會讓你變強大嗎？

不，很弱。

最重要的是，這種行為會讓他們重視的「那個人」感到無聊。
所以你的行動不應該「為了別人」而做，最好是「為了自己」。
動機最好更自我、更基於本能、更出於私欲。
因為這種基於內在的行為，才更加堅定且不滅。

68 失望學與斯德哥爾摩症候群

開頭先聲明，本節不是要談論戀愛。

事情發生在某一天。一位女性朋友談到她被劈腿了。

「他劈腿的對象不只一個，還是聲色場所的老主顧，平常甚至會找應召小姐。我偷看他的手機，然後我跟他攤牌了。我氣壞了，結果他卻要我原諒他，還說了『我絕對會改過自新』這種老掉牙的話。欸，你覺得呢？」女性朋友問我。

「還能怎麼辦？三秒後就跟他分了吧！」我這麼說，但朋友還是猶豫不決，辯解著：「『或許』他會改變。『或許』他這些行為，追根究柢都是因為他和母親糟糕透頂的關係。只要我們能面對這個問題的根源，去克服，『或許』還是有希望的。他沒有我就活不下去了。」她淚如雨下地說。

「我是對的，我是清醒的。」人在這麼想的瞬間，就會做出嚴重的誤判。

愈是說「對方沒有我就不行」的人，愈是依賴對方。

這就是所謂的斯德哥爾摩症候群。遭到綁架囚禁的受害者，會出於求生本能而愛上歹徒。會說「他的本性其實是善良的」。雖然有時會性騷擾、權勢騷擾、見異思遷、胡亂動怒、花心、愛賭博、抽大麻、欠債、口出惡言、語言暴力、肢體暴力，可是本性是善良的。

冷靜想想，這話完全不對。一個人如果本性善良，根本就不會做出這些事。所謂你口中本性善良的人，根本不是個好人。這樣的人不管在職場還是路邊，隨處都是。

每個人都有一段心虛的過去。花心暴力的當事人，過去也經歷過什麼吧。但是都一把年紀了，還無法自己清理掉這些負面根源的人，是恃寵而驕。是要別人替他還債的撒嬌鬼。

「所以快逃吧！遇到那種危險的傢伙，該立刻拔腿就跑。要打從心底對他失望。妳愛莫能助，也沒有為他做什麼的義務。以為自己能改變別人的話，太自以為是了。妳想要被別人改變嗎？不想吧？」我說。

可是她卻這麼回答：「不，我已經決定了。我要和他廝守到最後一刻。啊，不過你不要說出去喔，其實我也劈腿過一兩次。」

愛，光輝燦爛。人真是頹喪，又悲哀到家的生物啊。

她接下來說了什麼，我已經沒在聽了。

69 被別人討厭或喜歡，都有點無所謂

有意思的是：不想被人討厭的人最惹人厭。

這也很有意思：你想要和誰保持距離，就無法和那個人拉開距離。

反止說什麼都有可能會惹對方生氣，倒不如就繼續暢所欲言吧。

只要有人喜歡自己就夠了。

這樣或許也挺無聊的，但如果覺得無聊，再大鬧一場就好了。

70 殺無聊

在飯店打工之後，我才瞭解「想要得到好服務，先要當個好客人」的意思。

寫下十幾萬字的長篇大作，才瞭解完成某些作品的人的信念與偉大。所以我再也無法隨便批評小說和國片了。當然，無聊的作品就當作沒看過，但我在內心發誓，有趣的作品就要大力宣傳它們的有趣，免得創作者的用心不為人知地枯萎。

丟了工作，才知道無聊地獄是怎麼回事。每天早上理所當然出門上班的父親和母親簡直是所向無敵。

我也得知了向人借錢有多痛。這或許是不必經受的事，但幸好我體驗到了。

「那個我已經知道了。」當人這麼想的時候，就會感到無聊。

那麼，退一步想「我對此一無所知」，就不會無聊了。對於沒有做過的事，在實際去做之前，都只是一知半解。

所以我還一無所知。只是偶爾會自以為瞭若指掌而已。

71 忘了年齡地相處吧

最好把長輩當成晚輩對待。

找到他們意外可愛、意外不成熟、意外童稚的一面，讓他們撒嬌。就像男人中了身為男人的詛咒一樣，長輩也中了身為長輩的詛咒。要替他們解開詛咒。

為他們脫下長輩這身西裝。

至於晚輩，當成長輩對待比較好。

找出他們比年齡老成的地方、經驗豐富的地方、受挫也能重新振作的個人史等等，好好地稱讚並依靠他們。因為這將會成為他們的自信來源。

最好暫時忘掉對方的年齡。當然，對自己也一樣。

做出一大堆沒有大人樣的幼稚行為，這不就是大人的樂趣嗎？

72 表達愛的一面

想聽到對方說什麼，就對他說。希望對方做什麼，就對他做。

讓「給予」優先於所有行為。因為有給予，才有回報。

就像對別人的信任會贏得信任、表白可以換來對方的表白。

與其將自保的私欲全開，用「他可信嗎？」的質疑看人，最好秉持「是他的話，被出賣也無所謂」的果斷達觀。

我不想用「是否完美」的扣分方式排斥其他事物，而是想以「是我的栽培、灌溉，讓它變得有趣好玩」的加分方式，陪伴在一旁。

不必怪罪他人。最後的責任我們都要一肩扛起。

73 對於「最好出國看看」的說法

常有人對我說：「最好出國看看。」

他們說，出國可以發現新的自我。二十到三十歲期間，有許多人這麼說。

可是，我從來沒有出過國。比起出國，我更想徹底玩遍國內、瞭解自己使用的語言、探索東京的夜生活，到頭來根本沒空出國。

就算是現在，我也還沒有用雙手掬起四萬十川的流水喝過，也還沒有在夜半的鳥取沙丘仰望明月。我不曾在秋季的京都做過色色的事，也還沒有從日本海的懸崖蹤身跳躍。

當然，印度應該有某些神祕而美好的事物。

不過，我覺得這份奢侈，留到三、四十歲也可以。

我認為這份衝勁，想發揮的時候再發揮就行了，而且也從來不覺得外國有什麼出色到無論如何都非去見識一番不可的事物。

74 最強的通貨不是貨幣，不是美貌，也不是信用

說穿了就是錢、說穿了就是臉。年輕人常這麼喟嘆，但，才不是這樣。
即使是臉部設計奇幻迷離的人，也照樣活得好端端的。他們以販賣某些東西，或販賣行動來維持生計。這些積累就是信用。才不是說穿了就是臉或說穿了就是錢。
可是，如果再下潛五公尺深入思考，事情的本質其實要更單純。
信用、行動，還有生意。應該可以發現，揭開這些事物的本質，一切都是透過所謂「溫柔」的事物在推動。只想從別人身上掠奪，這樣的生意絕對會失敗。
一個人想要對另一個人溫柔，生意、經濟、世界才能成立。
換言之，可以做出這樣的結論：「唯有溫柔的人會生存下來。」
說穿了就是公司、說穿了就是環境、說穿了就看你投胎到哪裡——說出這種話之前，最好想一下：「我這個人溫柔嗎？」或是：「我到底能對誰溫柔？」
因為，溫柔才是最強的通貨。

75 溫柔的人是冷漠的人，冷漠的人是溫柔的人

乍看之下對任何人都溫柔的人，不是對別人漠不關心，就是對別人毫無期待，看起來對誰都很寬容，如此罷了。其實這種人極為冷漠。不能被這種溫柔騙了。不是俯拾皆是的成品，而是有血有肉。這才是真正的溫柔。

乍看之下極為冷漠的人，是在人際關係中跌跌撞撞，挫折連連，再也不想受傷，所以平素都冷若冰霜。不過一旦對人敞開心房，就會挖心掏肺，其實是赤誠可愛、很溫柔的人。

不必從一開始就開誠布公。不必殷勤討好。兩個不坦率的人，才能更快相知相契。甚至有時候對彼此的第一印象差到不能再差。

請繼續當個孤僻難搞的人吧！

76 出社會第一年的教訓：滋露巧克力的法則

比方說在職場，對於想要更親近一些，但有點距離的人，可以送顆滋露巧克力給他。而且是突然掏出來那種。

說著：「啊，這巧克力是多的。」

首先要表示自己沒有敵意。

然後要讓對方覺得「搞不好這人是個傻瓜？」、「是二戰後的美國大兵到處發巧克力嗎？」一開始就讓對方發笑最是剛好。

讓對方卸下心防，事情就好辦了。隨身帶著三顆巧克力，會方便許多。

要去挨罵的時候，也可以在口袋裡放顆滋露巧克力。這樣就能在內心暗想：這人居然對口袋裡有滋露巧克力的我真心動怒耶，嘻嘻。

酷暑的日子則不建議這麼做。自己獨享吧。就算融化了也一樣美味。

我稱其為「滋露巧克力法則」。我是嗜甜的螞蟻人喔，不好意思。

77 大人的義務

要保持愉悅，哄自己開心。這雖然是老生常談，但說起來容易，實踐起來卻非常困難。即使如此，仍是相當重要的事。

保持愉悅。也就是高明地把自己實在無能為力的事情交給擅長的人，去依靠他人。不要想一個人力挽狂瀾，也不要任意作繭自縛。

在迷倒情場對手這方面有著天才手段的人，知道這個悖論的真理：「向對方撒嬌，就是在讓對方撒嬌。」類似的情況，就像對於無所事事的人，高明地分派某些職務讓他們有得忙，才叫做聰明。

然後自己盡量表現得空閒一點。

要是有人來求助，就鼎力相助。不求回報。

為了做到這一點，要變得更強大。

總而言之，「保持愉悅」是門檻最高的工作之一。

78 出社會第二年的教訓：香菸與閒聊

可悲的是，身為癮君子，在這個世道沒有任何好處。

不，與其說香菸不好，更不好的是沒有人願意一天二十四小時堵住我的嘴。香菸這無用的長物為我帶來的唯一好處，就是同樣愛抽水藍色hi-lite的公司幹部特別關照我。這對總能在一瞬之間無故惹來男性長輩反感的我來說，是件值得慶幸的事。在吸菸室閒聊的過程中，也經常承蒙他分派工作給我。

不過，我並不是在建議大家去買打火機。

工作是建立在閒聊的延長線上。

要是有怎樣的東西就好了、要是能做到一定很有趣、可是還沒有人做過——工作就在這些閒聊之中。

自從注意到這件事以後，我發現重要的是，即使是無關緊要的事、無足輕重的事，也要輕鬆地向身邊的人大肆宣揚，並認真地聆聽這類話題。

對於想做的事，就說想做。

對於喜歡的東西，就說喜歡。

到處向人這麼說，當有人談到這些事時，你的名字就更容易被提起。

比起沉默，大聲宣揚、到處安插伏筆，才能增加機會。

79 要當就當主謀

這話聽來完全安慰不了人。

但如果沒有想做的工作，有可能它還不是一種工作。

讓它變成一種工作的人，或許就是你。

用更淺白的例子來解釋好了。

若是網路上多如繁星、貌似名言的名言，關於戀愛及人生的訓話，都完全救不了你，拯救你自己的金言，必須由你自己想出來。

80 出社會第三年的教訓：即使逃避，它也會窮追不捨

人生中有不管再怎麼逃避，最終依然逃避不了的事物。

我不是在說稅金或鬼魂。

而是自己真正想做的事。

「我想去創作部門，卻被分到業務部。」

「我想寫的是企劃書，卻在填請款單。」

這種事隨處可見。確實，這是一種挫折，或單純只是時運不濟。

但真正的企劃痴，即使沒有人拜託，也會持續埋頭寫企劃，在適當的時機，遞交給適當的人。並且不分公司內外，參加比稿，向世人展露它真正的價值。

這是我朋友的例子。

他一直想進入大型廣告公司當企劃人，卻陰錯陽差進了航空公司，被派到會計部。但他沒有放棄。三年間，他不斷參加公司的企劃比稿。最後企劃內容得到社長青睞，成立新部門交給他領導。他沒有沉默，而是不停地敲門。

另一個朋友，則是根本不想工作。

他畢業後進了某家公司，但只做了一年，就以「看不慣上司的嘴臉」這種古怪的理由辭職，跑去亞塞拜然旅行。他發現當地的油價與物價異常低廉，認為有利可圖，便成立當地與日本間的出口公司及觀光旅遊公司，大賺一筆。現在他仍大肆宣言「我賺錢就是為了絕對不工作」。

還有一個朋友，其實一直想當英語教師。

他在品川的公司當了五年的顧問，薪水絕不算差，但他做出這樣的結論：「現在的工作沒有改變一個人人生的力量」，而決定辭掉工作，前往澳洲學習真正的英語。現在他在全是放牛班的靜岡一所國中執教。

對於真正想做的事，人總是會不只一次別開目光。

但是它一定會窮追不捨。

即使當做沒這回事，也絕對無法抹滅。終於快被追上時，必須果斷地回頭，與它戰鬥。每當想起這些朋友，我都會想起這樣的宿命。

與真正想做的事戰鬥，不論最後是輸是贏，一定都不會留下任何遺憾。

81 出社會第五年的教訓：好上司最基本的條件

假設有人來報告犯了錯，你罵道：「怎麼會連這都做不好？」而且還重複了五次「怎麼會」。

結果對方不由得被逼急了，理由從「一時疏忽」、「昨天沒睡好」直接跳針到「對不起我根本不應該出生」。

光看字面，是一則笑話。但發生在現實，就會讓人完全笑不出來。

要是用這種方式罵人，以後就再也不會有人向你報告過失，也不會找你商量事情了。最糟糕的情況，就是默默地從你面前消失。

所以如果有人來向你報告壞消息，最重要的是要說「謝謝你告訴我」。

說：「如果你想了五秒還是不懂，不用客氣，直接問我。」

做不到這一點的人，就不該霸占主管職位。

82 愛與暴力的區別

只有能區分罵人與生氣的人，才有資格罵人和生氣。
只有能區分批評與否定的人，才有資格批評和否定。

83 對壞話的見解

壞話、辱罵，是絞盡腦汁想出能傷害對方的話再輸出，是人心惡意的極致。
若是加上押韻或氣氛，就成了饒舌歌大戰。
加上邏輯根據，就成了批評。加上灑脫的修辭，就成了一門藝術。
不說人壞話，是一種優雅的心態。
但人類的本能不怎麼優雅。不憤怒的野獸美不到哪裡去。
不過，人在精心盤算哪些話最能重創想傷害的對象時，會大幅參考「過去別人傷我最深的話」。
因此說別人壞話，也等於是曝露出本人被什麼話傷得最深。
站在這個角度觀察許多人的各種壞話，就會覺得：嗯，人真是饒富興味啊。

84 對惡評的見解

我也是個普通人，所以會在深夜泡在浴缸裡，上YouTube觀看心愛歌手的MV，自嗨自爽，但就連感覺人人喜愛的歌手，儘管MV有許多人按讚，仍有少部分的人會按下「不喜歡」，讓我驚訝萬分。

這世上居然會有人特地浪費花錢買的網路流量，播放討厭的歌手約五分鐘的MV，按下「不喜歡」之後離去，真是太忙碌又太滑稽了。

這種人是所謂的玻璃心，還是惡意負評王嗎？

因為覺得自己受傷了，所以要傷害對方回敬一番，是這種心態嗎？

出於今晚的床伴沒有著落的憤怒，又或是覺得那個歌手的外表可以輕易勾引走自己的戀人，所以忍不住給了負評嗎？

直到我自己寫了《真夜中乙女戰爭》以後，也被朋友說「乙女什麼啦，噁心」，或是被不認識的人咒罵比這更惡劣五千倍的話，但他們都出錢買書來讀了，所以我覺得算了無所謂，去不二家吃個聖代好了。

只是，我看過好幾個人遭遇這種痛苦的狀況，結果精神崩潰。愈是本性善良的人，愈會被這種批評傷害。所以我才想要告訴他們一聲。

在表現什麼、述說某些故事時，不只會被想要傳達的對象看到，其他人、不會被打動的人也會看到。所以有時候會收到預期之外的迴響。這真的很衰。

不過即使如此，這仍然是一件好事。

每個人都說好的東西，說穿了，根本沒有傳達給任何人。

因此，請繼續堅持你的工作。淡淡地、肅穆地從事下去。

我透過YouTube觀看的歌手們，應該不會為了特地表達厭惡的人浪費自己人生的任何一秒。因為他們拿起麥克風，是為了支持喜愛他們的歌迷。

刻意去關注負面的部分，除非是要藉此做出相當有趣的事，否則是不會有什麼好結果的。

85 發現好東西，就要大力宣傳它的好

覺得某樣東西沒意思，或覺得某樣東西太貴了，那是因為「你不是客群」。除了相當特殊的情況以外，錯都不在「那東西」本身。

說起來，明智的人應該要培養出一套感性，能挖掘出自己會覺得有趣、匹配得上的事物。

相反地，覺得某樣東西很有趣，別人卻覺得沒意思時，可以這麼想：「這完全就是為我量身訂做的！」

然後，發現好東西的話，就要大聲疾呼：「我發現好東西了！」

每個人都想知道好東西在哪裡。

最重要的是，你的聲音一定會傳到製作它的人耳中。創作者會大為振奮，想要做出更好的東西來。我在看國片時，會特別重視這個原則。因為能倖存下來的電影導演，為數不多。

86 願意如實說出複雜難解的事的人

願意如實說出複雜難解的事，這種人可以全盤信任。

有人說，能化繁為簡地說明的人才好。

確實，能化繁為簡的人或許知性，但因為知性，所以不帶什麼感情。他們認為「你只聽得懂淺顯簡單的說明」。或者是你讓他們這麼覺得。這樣是美的嗎？

讓對方認為「你沒有說真話的價值」，完全代表了你的失敗、人際關係的失敗。相反地，被對方認為「你不打算說真話」，是你傳達的失敗、信賴的失敗。

所以在述說的時候，要毫不留情地述說。

傳達的時候，要毫不留情地傳達。

不要小看了對方的知性，善意惡意全開。擠柳橙汁的時候要使盡吃奶的力氣。

這才是真正的溫柔。

87 不純的動機與獨學的先機

我有個男性朋友說，他唯一的夢想，就是與法國女人進行一場瘋狂忘我的歡愛。為了實現夢想，他必須在前往法國之前先學會法語。但他是個窮光蛋，愛做夢的人大抵如此。

於是他靈光一閃。只要開一門法語課程，就可以免費學習法語。結果他真的找到了想要便宜學法語的同學、找到想上課的家庭主婦，並找到了一名孤獨的法國人（不巧地並非女性），讓他們在狹小的社區中心內齊聚一堂。

然後每星期兩次，由他主持這門法語課。聽起來很扯，不過是真的。

結果他從自己籌辦的課程得到了想要學到的技能，去了當地。

至於他是否和當地的法國人成功歡愛，就交由各位自由想像。

話說回來，他帶給我最大的啟示是什麼？一部分是「不純的動機才是最棒的動機」。但我認為「想要學習什麼，就大膽地成為教授它的人」，也無法忽略。

88 孤高的寶石

每個人都在做的事，因為每個人都在做，所以沒有價值。物以稀為貴。不論是寶石或人都一樣。

暢銷書留給別人讀就好了。應該要多多接觸還沒有人讀過的書，讀出無人發現的事實。英語和法律的考試，留給背誦能力好的人，去見聞、去感受、去寫、去說從未有人談論過的事。這樣的人有趣多了。

沒必要群居。倒不如說，群居就糟了。

我希望你擺出宛如獨自生存的模樣。那樣別人更容易發現你。

不管寫什麼、拍什麼，都能讓人一眼看出那就是你的文體、視角、香味。無從改變的特徵，徹底把它突顯出來，喜歡你的人、你會喜歡上的人，才能發現你。

如果孤獨仍有意義，就僅止於這一點。

89 創造這回事

第一版，錯字連篇。修正。

第二版，沒有錯字，但看起來自以為是。修正。

第三版，已經看不出哪裡有趣哪裡無聊。拿給別人讀。修正。

第四版，但還是少了蛋糕上的草莓。加上草莓。

第五版，完稿——本來打算完稿，結果還是一直改到第九版。

公開。被批得體無完膚。大哭。吃巧克力。

但是最需要耐性的，是孕育第零版的時間。

90 不要只是討厭就算了

比起喜歡，討厭更強烈。

我認為「不要只是討厭就算了」的想法，是比「被喜歡的事物圍繞著生活」更實際好幾萬倍的態度。

當然，有喜歡的東西很好。可是，這世界並不是迪士尼樂園。

比方說前往書店。書店裡有成千上萬本書，封面、書名、書腰宣傳、目次。比起覺得有趣的書，感覺不有趣的書多上一萬倍。為什麼感覺不有趣？為什麼這份目次無法打動我？要怎麼樣才會打動我？去思考這些面向看看。

書是人，人是學校。任何學校裡，都有值得學習的負面教師。

電影也是一樣的。

假設看了一部無聊透頂的電影。是預告害的嗎？是期待值太高嗎？是劇本爛嗎？主演差嗎？開場發展就不行了嗎？如果要改寫，要怎麼改？誰是不需要的角色？哪裡是沒必要的段落？哪句台詞太多餘？同類型的成功作品是哪一部？失敗作品又是哪一部？主打哪些客群，這部電影就會成功嗎？

試著完全以替代方案來處理。

比起「喜歡的東西」，通常「討厭的東西」有更多值得學習的地方。

然後上街走走。

街上有招牌，有廣告。有人聽到不中意的話，擺出不中意的臉。如果怎麼做、有什麼樣的東西，就會更有效果？也用這種觀點去看人，聆聽對話，觀察服裝。然後再用相同的觀點看自己，雖然會覺得自己真是噁心到不行，但偶爾用冷酷嚴苛的眼光審視自我也很重要。

有趣的是，不管是自己再怎麼討厭的東西，還是會有人想要，也有人迷得不得了。思考為什麼，我想，有時其中有著超乎想像的供需力學在作用。或是無從想像的、時代的不安與孤獨橫亙其中。這樣的現象背後有誰？中心有誰？旁邊有誰？為什麼現在有這樣的現象在那裡？要與「討厭」這樣的感情共舞。

只要做得到，是否就能輕易瞭解自己接下來該做什麼、不該做什麼了？安靜地狂怒，就這樣活下去。

91 某個小丑的悲劇

一名美國鄉間的年輕人某天在影片出租店租了《阿波羅13號》（*Apollo 13*）。但是他不小心忘了還，發現的時候，已經累積了一大筆逾期罰款。年輕人氣極敗壞，覺得這太不合理。就在這時，他想到了線上出租影片的點子。

這是Netflix的創業美談。但畢竟只是美談，這似乎是他們後來編出來的。不過諷刺的是，以為一旦註冊Netflix，就會狂嗑電影，結果只是加了一堆我的片單，束之高閣，讓好奇心就這樣逾期了。更諷刺的是，在訂閱內容全盛期的這個時代，電影院卻創下了史上最多的年間觀影人數。可以推測，理由是因為「在電影院只需要看電影就好」。不覺得這個世界真的很諷刺嗎？

說到諷刺，我想到的是從事轉職仲介的朋友說的話。

她每天都要面對許多懷抱著美夢的轉職者。對於這樣的他們，她就算再怎麼樣也不能老實說「真正好的職場，絕對不會有離職空缺」。相對地，決心辭掉血汗工作的朋友，在求職面試中被問到：「你希望敝公司能提供什麼？」時，當場回答：「遵守法規。」聽了真讓人悲傷。

不管是Netflix還是Amazon或徵才資訊，我們很容易忘了這個事實：

「現在來到眼前的一切，並非世界的全部。真正美好的事物，不會輕易來到你面前。」無聊並不是世界的錯，而是自己的錯。你真正想要的事物，必須主動去爭取。

有時我會想起這則笑話。

有一名重度失眠的病患對醫生說：「我失眠又嚴重頭痛，請開藥給我。」醫生回答：「那太糟糕了。但吃藥更糟糕。我有個好建議，鎮上剛好來了厲害的馬戲團，只要去看那個馬戲團的小丑表演，你一定可以開懷大笑，然後呼呼大睡。」結果病患說：「我就是那個小丑。」

如果我是那個醫生，能對小丑說「立刻逃出馬戲團」嗎？

92 我們或多或少都有無可救藥的癮頭

性愛成癮、尼古丁成癮、酒精成癮、貓成癮。東京成癮、美容成癮、電影成癮……族繁不及備載。

各種癮頭真的五花八門，這世上甚至有一定要參加葬禮，否則就會失常的葬禮成癮者。動不動就把「羈絆」、「大家一起努力」掛在嘴上的人，應該是勵志成癮。也有洋文成癮。我有個朋友是杏仁豆腐成癮，我自己則是冰品成癮。

成癮被視為一種疾病的樣態，但我不覺得成癮全是病。

這是前些日子發生的事。

有位以統率主流網紅為業的人，告訴我如此耐人尋味的話：

「網紅有沒有除了網紅以外的一面，決定了他們會不會生病。也可以從有沒有別的工作、有沒有製作或販賣某些作品，或是在現實世界主辦過活動看出來。」

「真是太尖銳了呢。」我附和。所謂「雞蛋不要放在同一個籃子裡，賺錢要多管齊下比較好」，亦是同樣的道理。

但我們身在這種時代。實際上就是如此，也無從否定。

不過，分散依賴支柱比較好的，不光是生活費而已。

把戀人視為一切的人，會被戀人甩掉。從戀人的角度來看，自己是不是一切根本不重要。很少有人願意和想結婚想瘋了的人結婚。沒有人承受得了那種漆黑又不健康的感情。沒有人會為了你而活。

如果成癮的對象只有一個，那就是病。

但如果有多個成癮的對象，那就叫做多元興趣。

有其他成癮的地點、朋友、嗜好、社群。擁有多張面孔，才能維持精神健全。

即使現在能順利扮演唯一一張面孔，最後也會無以為繼。

所以要準備第二、第三張臉。應該要效法的對象不是麵包超人這個玩家，而是不斷準備庫存的果醬叔叔。

話說回來，我還是喜歡紅精靈。因為紅精靈只能是紅精靈這唯一的生命。

93 「再也見不到」這把劇毒的花束

再也見不到的人愈來愈多。
而且是步入二十幾歲以後開始。
彼此說著「再見」，就此永不相見。
事後才會發現，原來那是最後一次相見。如此一再上演。
有時會因為一點小失戀而如此。或為了甚至稱不上失戀的小事如此，也可能是純粹的死別。他們再也不會柔聲對我說話，而我原本想要告訴他們的話，最後也將風流雲散。

有人說，人生就是說再見。
但其實人生甚至無法說再見。人生就是後悔。
他都抽紅色萬寶路。和我一樣愛吃甜食。喜歡擦香奈兒的藍色香水。在路上時，都會走在靠馬路那一側。他連對同為男性的我都這麼體貼，讓我覺得好像成了備受呵護的花朵，開心不已。不喜歡被請客。一忙起來膚況就會出問題，為此苦惱。就算工作忙翻天，也從無怨言。偶爾說了喪氣話，也會馬上道歉。這是他唯一讓我覺得討厭的毛病。

我們是在推特上認識的。他總是只在淩晨一點發文，從不提現實裡發生的事。我主動說想見面。出現在約定地點的人不出所料，是個文質彬彬、笑起來很可愛、聊起來很有趣，卻感覺沒什麼朋友的男子。

我心想，幸好我無法和同性談戀愛。

因為如果是這樣，遇到這樣的人，最後很大機率會分手。但我喜歡他這個人。我大概看得出來，他這人無法將真心話告訴任何人。

所以我在他生日的時候，送了和我一樣的黃銅Zippo打火機，油槽裡放了紅色的花瓣。那天，他告訴我他的本名。我生日的時候，他送了我名牌香水。老實說，我不喜歡柑橘類的香水，但每次跟他見面，都會擦上他送的香水。第一次出書時，我把初版的樣書第一個送給了他。他打從心底為我開心。

然而兩星期後，他消失了。

推特和ＩＧ帳號都毫無預警地刪除了。LINE和電話也聯絡不上，我直接找上他家，他卻搬家了。即使用他的本名搜尋，也不知道任何下落。

我不知道原因是什麼。

但其實我早有預感，會有這樣的一天。

他說穿了就是這樣的人，對他而言，我說穿了也充其量只有這個價值。

我這麼告訴自己，試圖處理掉我和他的記憶，卻已失敗了千萬次。

生離與死別，哪一邊更痛？我到現在依然不是很明白。

他一定還活在某個地方，但再會的希望卻極其渺茫。

是這樣比較痛苦，還是確定再也見不到更難受？我到現在也依然不明白。

不過，我不想治癒這血淋淋的傷。

我不會塗上娥羅納英軟膏，也放棄貼ＯＫ繃。

有時候，人生甚至無法說再見。
只能任由某些人在你心裡慢慢死去。

為了對再也見不到的人做出微小的復仇，我想要繼續寫下不會送到對方手中的信，繼續發射煙火。我不懂為什麼你在那天消失了。但我現在依然活在這裡，沒有將你的存在美化或醜化分毫，祈禱著只要你還活在某處就好。然後希望你能偶然目擊到我射出去的煙火。

這絕對不是為了你，純粹是為了我未被救贖的靈魂。

對我來說，工作就是這麼回事。

94 深夜十一點五十九分

某個春天。緊急事態宣言中的東京下雪了。

櫻花。還有雪。在最糟糕時代的，偶然的絕景。

走路幾分鐘的地方有花園神社。櫻花被雪襲擊了。我拚命地拍照，但沒有把這些照片上傳到任何地方。

隔天，我收到陌生人寄來櫻花與雪的照片，寫著「因為不知道該跟誰分享」。

這是常有的事。我經常收到匿名寄來、說是「因為無法告訴任何人」的內容，文末聲明「不需要回信」，所以我不會回覆這些信。

夜半時分。我想著無法傳送出去的內容、沒有變成已讀的內容。

想著那些想當作不曾發生過的事、無法當作不曾發生過的事。

我只想聽著這樣的事。只想說著這樣的事。

第 3 章

反對・不浪漫

據說人會愛上的，
是距離自己最遙遠的事物。
最為害怕的，
則是被所愛的人遺忘。

95 永恆是一瞬間，或頃刻即是永恆？

行經新宿三丁目伊勢丹百貨前的號誌，或是新宿站內、澀谷站前交叉口，透過AirPods聆聽的音樂有時會突然斷訊幾秒鐘。應該是藍芽陷入混亂了吧。

這時我才會意識到，啊，現在的我並不孤獨。

我的耳機斷訊時，某人的耳機也同樣在同一時刻斷訊了。

我知道在人潮當中，即使想要孤獨，也無法孤獨。

話說回來，當時他們正聽著什麼樣的音樂呢？

96 錯過末班車而進了賓館

如果散發出相同的孤獨氣味，那就是朋友。
即使尚未邂逅，一樣是朋友。
如果邂逅了，卻產生情愫，那很遺憾，再也無法成為朋友了。
只能傷害對方，或是被對方傷害。
說起來，我們需要朋友嗎？

97 如果我們能用機關槍朝冬季的星座射擊

我失戀了。是初戀。

「我有了別人。所以對不起。」她說。

她出生在夏季，是個喜歡LV的褐髮女孩。

我從失戀前就比較喜歡失戀歌。啊，就是這個嗎？這就是那個嗎？我明白。我知道。我會把我這個爛人宰掉。被甩的隔天，我立下決心考到機車駕照。考到駕照的當天，借錢買了標價四十五萬日幣、笨重得可笑的中古漆黑美式重機。

我才剛滿二十歲，東京正值冬季。

深夜。跨上座椅。轉動鑰匙。

凶暴的排氣聲。這團鐵塊是公路上的蒼蠅。是人人討厭的礙事東西。

而且在東京，眼前的計程車會緊急煞車。

我迎頭撞上對向車道的卡車保險桿，騎車第三天就撞斷了門牙。

第五天為了閃避衝進馬路的主婦，撞上電線桿，車燈撞得粉碎。細節就免了，不過，首都高速道路十一號線，彩虹大橋上，對機車騎士來說，是最接近死亡的地點。東京以外的話，最好遠離六月的箱根新道。理由我就不說了。

但是，當我渾身汽油味，仰望冬季的獵戶座時，是我這輩子看過最美的景色。從後照鏡裡看到的街上煙火，總令人既空虛又開心。後座沒有載任何人。我沒有半個這年頭還有機車的愚蠢朋友。

像這樣不被理解、不受共鳴，或許是我的救贖。

冬季不僅是讓手指凍僵而已。只有自動販賣機買來的BOSS熱歐蕾對我最溫柔。就像東京的二十歲年輕人個個如此，我在這裡孤身一人，只有這城市是陪伴著我的情人。

爾後，我多次性命垂危，最終忘了那個前任——騙你的，我甚至忘不了她的十一位數手機號碼，我忘不掉。但我對她已經可有可無了。

用不著哭，我腦袋這樣想著，一個人不斷地橫衝直撞。錢已經快花完了，也沒有什麼目標。如果雙手放開握把，閉上雙眼，一切就解決了。但我卻做不到。沒辦法輕易死去。這說穿了就是機車騎士的、或者說我的谷底。

說到底，那時候買重機是不是做對了？我到現在還是不明白。

至少，一旦失戀，就讓自己倒栽蔥地跌到谷底是對的。我到現在依然這麼想。

花了四十五萬買的這台重機，結果三年後的冬天就用八萬日幣賣掉了。

98 404 Not Found

真正沮喪時，會拯救一個人的事物。

那不是拚命安慰的、貌似溫柔的人，口中聽似溫柔的話語。

有時候是陪自己去KTV把aiko的歌唱成死亡金屬版、用桑田佳祐的唱腔唱著aiko，也就是願意陪自己抬槓一些超級無聊的事，對自己說些超級沒神經的話，面對沮喪的自己而一笑置之的人。

有時候真正需要的，是和當初的預期天差地遠的東西。

99 在計程車司機身上看到的大海幻影

不對喜歡的事物說喜歡，喜歡的人就不會靠過來。不對討厭的東西說討厭，討厭的東西就不會離開。偏偏，人就是來者想拒，去者想追。真是沒轍。以致最後總是孤單一人。

總有一天想去看星星。和完全不認識的計程車司機一起。要不然就是在後座要求：請帶我去你覺得最棒的海邊。司機的回答最好是輕咋舌頭。預算要是能控制在一萬日幣以內就太讚了。

再也不需要目的地已決定的旅行。

我要的只有目的地未定的旅行。

100 冰點下的富士急樂園

在東京發生過一件傷心事。

那天中午，我去了新宿南口交通總站「Busta新宿」。站在售票機前閉上眼睛，伸手點螢幕，機器吐出前往富士急樂園的票。

我上了車，在去程的巴士上又難過到哭了。但巴士還是到了目的地。

外頭在下雪——不，是雨夾雪。

氣溫低到冰點以下。

如果坐上尖叫類的雲霄飛車，體感溫度肯定會低於零下十度。年輕人的尖叫聲靠近又遠離。

我死了心，買了入場券，也買了熱紅茶。

總之，先走向園內的吸菸區。

沒有人。

吸菸區旁邊只有轉個不停的無人遊樂設施。

無事可做的我，用手機拍了轉個不停的機器。

不到十秒的影片。我無計可施，將它放上ＩＧ限時動態。

太空虛的掙扎。

太空虛的影片。

我在影片加上這麼一行：

「我們活著的理由是什麼？」

結果緊接著收到一個未設定頭像的帳號私訊給我：

「為了去做沒法放上社群媒體的事呀。」

這話有誰能反駁呢？

101 寂寞的根源

會吵架是因為期待，會期待是因為依賴，會依賴是因為信賴。

但是，生氣是因為寂寞，寂寞的根源是「你不能變成我，我也不能變成你」的絕望，然後發現，啊，這就是愛。

就這樣無限迴圈。

102 少了反派的世界

被甩的人固然傷心，甩人的一方也很傷心。

懷疑的人固然難過，被懷疑的人也很難過。

挨打很痛，但沒有被打更痛。

與其被說「要幸福喔」，更情願被永遠懷恨在心。

要是瞭解了這些，人生就會變得更崎嶇一點，但崎嶇之路也自有一番樂趣。

103 「傷心」、「難過」、「寂寞」的不同

原本有的沒有了，人會「傷心」。
應該沒有了的東西卻彷彿在那裡，人會「難過」。
發現原本就沒有的果然沒有，人會「寂寞」。

這與辭典上的定義大抵並不相同，完全是我的一己之見。
可是有一種青色的感情，是「傷心」、「難過」、「寂寞」都無從表現的。
那到底該如何稱呼？我想和別人聊聊這件事。

如果說大人不聊這種青色／青澀的事，那麼我一輩子都不長大也無所謂。

104 未命名資料夾

明明那樣期待萬分的活動，前一天卻突然完全提不起勁，我想為這種現象取個名字。不過這似乎很單純，是被分類為迴避型人格障礙的例子。

那麼，想要把手指插進電風扇裡，是突擊型人格障礙嗎？

愛說黃色笑話的現象叫穢語症，據說忍不住滿口黃腔的時候，代表正承受著莫大的壓力。至於我為什麼會知道這些，因為我自己就是這樣。

冬天、秋天、春天的時候都還好，但不知為何，唯獨夏天會覺得非要盡情享樂不可，而這種現象也想要取一個名字。是因為我本來就沒有享樂的能力，才會去想這些吧。最好取可愛一點，像是「夏季Melancholic（憂鬱）」。

想要為沒有名稱的事物取名，才能安心。

這種現象好像也有名字，叫Rumpelstiltskin[12]現象。

覺得還沒有名字的事物很可愛，這種感情不需要名字。

105 生產前一晚的父親

雖然寂寞，但很開心。雖然憐愛，卻感到悲傷。

在一起很快樂，卻無比飢渴。不願意讓任何人看到，同時又想大肆炫耀。

想要長相廝守，卻也清楚總有一天會分道揚鑣。

這些矛盾的感情，全都應該稱為詩情，我就是為了這詩情而生。

一個朋友在他即將成為父親的前晚這麼說。

「當爸爸是什麼心情？」「果然會覺得一籌莫展嗎？」我這麼問，他便咕嘟咕嘟喝著純威士忌這麼告訴我：

「母親是孤獨的。無法以肉身去體會生產的父親，在我看來，也同樣地窩囊、寂寞、孤獨。」

12註：出自格林童話《名字古怪的小矮人兒》，故事中，小矮人與皇后以生下的第一個孩子爲代價交易，約定若能在三天內猜到矮人的名字便可留下孩子，矮人即名爲 Rumpelstiltskin。

106 宿命相同的人

寬鬆地肯定想死的念頭。不管是別人的或自己的。

不會強烈地否定，但也不多加肯定。

不管是晾衣服的時候、買東西的時候，還是三更半夜的時候。

說：「你也想死嗎？好巧，我也是耶。對了……」

「對了」之前，最好能什麼都不想地一氣呵成。

「對了」之後，接上無關緊要的閒話就行了。

能這麼問候的人，我定義為朋友——不，宿命相同的人。

107 是喜愛的東西保護了我

有位喜愛佩戴銀製古董愛馬仕錶的女生告訴我，她在離職的時候，遺失了那只手錶。

「妳一定打擊很大吧。」我附和。

「也還好。」她說。

我當作它是在那份討厭的工作期間保護了我。當然，我希望能找回那只錶，但同時又覺得就算找不到也沒關係了。你應該也有過類似的經驗吧？

我遙想那只銀錶現在流落何方。

也想像或許它正保護著另一個人。

然後想到對於現在正保護著我的東西，我幾乎毫無所覺。

108 大人的悲哀，小孩的悲哀

沒發現自己正在破壞什麼。

沒發現自己正被某人所保護。

自以為是全世界最不幸的人。

假設這是身為小孩的悲哀，那麼我要故意去破壞、故意去傷害、故意假裝沒發現。然後瞭解到自己早已失去了當時的強悍。什麼是幸福、什麼是不幸、喜歡什麼、什麼才是對的，全都懵懂無知。

我覺得接受這份悲哀，就是身為大人的悲哀。

109 就算沒辦法當真正的父親，還是能當個好父親吧？

「我被診斷為無精症。」

有個課長半哭半笑，在深夜的磯丸水產如此吐露。他才新婚幾個月。我旁邊坐著課長大學畢業時錄取他的部長。

部長停下拿著啤酒杯的手，對課長這麼說：

「就算沒辦法當真正的父親，還是能當個好父親吧？」

但課長沒有點頭也沒有搖頭。

當然，無精症現在好像也能靠手術治療，但我和部長當時都不知道。不過部長說的這句話，卻不知為何幾乎讓我落淚。

「雖然沒辦法成為律師，還是可以用話語徹底捍衛一個人吧？」

「雖然沒辦法成為翻譯家，還是可以說出難以啟齒的話吧？」
「雖然沒辦法成為戀人，還是可以當最棒的損友吧？」
「雖然沒辦法成為一家人，還是可以在同一個時代活下去吧？」
「雖然沒辦法成為偉人，但看到別人有難，還是可以立刻伸出援手吧？」
部長那番話，在我聽來就是這樣。

110 徹底敗給寂寞吧

只因為寂寞這個理由，去找別人也可以。離家出走也可以。找個地方喝酒也可以。讓不認識的長輩訓話也可以。被看起來壞壞的人拐騙一晚也可以。在凌晨三點衝動地打惡作劇電話給以前的朋友也可以。寫下沒有標點符號的落落長文章也可以。把它傳給喜歡的人也可以。被已讀不回也可以。

一定得不到回報吧，太慘了。但是，人不是為了得到回報而活的。明明就很慘，卻不能擺出個慘樣，這是哪門子道理？

知道自己真正想說的話、真正想見的人，不也是個經驗嗎？

數千萬的徒勞，才能造就出一顆寶石，不是嗎？

只因為寂寞這個理由，去哪裡都行。我從來不曾在對抗寂寞中得到好處。

徹底落敗，糗到家，愚蠢難看，依然可以過上幸福的人生。

新宿有個在凌晨三點寫下這些文字的人。

111 去玩的東京

常有人問我：「東京有什麼地方是非去玩不可的？」

常被第一次去東京的人這麼問。真害羞。每次我都會絞盡腦汁。看得到晚上七點的東京鐵塔的芝公園、末班車前一刻的御台場海邊、夜半時分回憶中的小路。腦中浮現這些地點，但我也忍不住想，這可以推薦嗎？

「我覺得應該不看地圖，沒有目的地，一直走下去。」猶豫之後我如此回答。對話大部分都會在這裡中斷。但偶爾會有人追問：「為什麼？」答案不言而喻。

「因為經歷過撕裂全身的寂寞，才會讓這裡成為真正的故鄉。」

訊息會變成已讀，但再也沒有回覆。我想為這個回答再加入一點解釋。

我認為東京不是去玩的地方。吃喝生活、聊天戀愛，但別人永遠是別人。哭泣再哭泣，但一千個夜晚當中，總會有一晚打從心底獲得拯救。我覺得東京是這種地方。去玩的東京，並不是東京。

112 大白天被三噸半貨車從側邊撞飛

十一月。我騎著機車經過新宿高島屋前面。

隔壁車道的三噸半貨車沒有打方向燈就突然左拐，把我撞飛了。

據說車禍的瞬間，機車騎士的智商會突然上升到兩百。

鐵塊削開鐵塊、扭曲變形，我看著那火花和轟聲，冒出來的第一個念頭是：「啊，我有記得餵貓嗎？」第二個念頭是：「沒辦法再跟編輯討論了。」第三個念頭是：「真想寫出有趣得要命的作品。」第四第五第六則是：「如果撿回一命，要狠敲一筆賠償金啊。」「真想跟金髮美女打情罵俏個一晚。」「老媽可能會哭吧。」臨死之際，人會想到的大概就這些。

然後，我的右肩重重地撞上混凝土地面。

接著滾了七圈左右，睜開眼睛前，我從聲音聽出後方車輛的前輪從我的頭蓋骨旁邊擦過去。汽油味、血腥味。我就像剛睡醒的人一樣站起來。人行道傳來女士的尖叫聲。只有左眼被血糊住了。白T側腹部已經染成一片赤黑色。我掀開T恤，確定腸子沒有掉出來。跨出一步。第一步就感覺到右腳骨折了。

掏出手機。生平第一次自拍。

頭臉全身都是血，我笑了。同時眩暈和嘔吐感湧了上來。

結果車禍的對造被判業務過失傷害罪，吊銷駕照。我拿到一點賠償金，現在只有左腳留下微不足道的後遺症。

但事情還沒完。

出院以後，為了替骨折的腳復健，晚上我會出門散步，就是這時遇到的事。我走累了想要休息，在戶山公園附近的集合住宅社區前買了罐裝咖啡。正要坐下來喝著咖啡之際，毫無前兆地，旁邊爆出硬物碎裂的聲音。

一塊磚頭憑空出現。磚頭在右腳斜前方數十公分的位置砸得粉碎。我抬頭看向集合住宅，沒有人影。但從碎片飛散的狀況來看，顯然是有人惡作劇想要砸死我而扔下磚頭。

是殺人未遂。

我報警了，警察拚命尋找歹徒，但最後說查不到可疑人物。

這兩件事讓我明白了一個道理。

看來死亡會在我們並不期望的時候突然造訪。不管活得再怎麼認真、誠實，人還是會突然喪命、輕易被殺。那麼，我能想到的只有一件事。

既然隨時都有可能立刻翹辮子，我希望能在做完除了自殺以外的所有事情以後再死。一旦決定要做什麼，就立刻起身去做。

誰都完全不能保證明天還活著。這是非常天經地義的事。

113 戰爭文學副教授的創作理論

求學期間，從戰爭文學的教授那裡學到的事裡面，有件事我到現在都還記得。是關於創作理論的事。理論大致上有三個。其實好像有七個還是九個，不過我覺得這三個已經囊括了全部。

首先是「主角必須在故事開頭被奪走某些事物」。
再來是「一切的故事，都是在描寫主角取回被奪走事物的糾葛與過程」。
最後是「但最後取回的，是與主角一開始被奪走的事物不同的幸福」。
當時我想，什麼嘛，簡直就是人生啊。
但人生比故事還要故事，因此要說當然，也是當然。
不過，當自己遇到過度荒謬不合理不公平的遭遇時，我們會依稀認知到如同上帝般的存在。我不認為這個如同上帝般的存在，會不知道這個創作理論。

即使是短短三秒就過去的事，
如果能永遠刻畫在記憶當中，
那麼它就比永遠更加永恆。

114 被百萬人喜愛的網紅的憂鬱

有個 YouTube、推特和ＩＧ加起來超過百萬人追蹤的二十歲男生問我：「你覺得該怎麼做才好？」世人總是喜新厭舊，青少年尤其健忘，所以必須變得更有名，想要更多的數字。他這麼對我說。

我喜歡不容易明瞭的東西。喜歡挑戰自我的東西。

喜歡冒險遊走在能引發共鳴與無法共鳴之間的東西。

喜歡壓倒性莫名其妙、過剩、強烈到無法用數值捕捉，或無足輕重的東西。

想瞭解不知道的事物、見識沒看過的事物。

蘑菇帝國唱著「想前往無人知道的地方，想知道無人知曉的祕密」。雖然這支樂團後來也停止活動了。

我們一開始是希望真正重要的唯一那個人能聆聽。

希望能傳達給這唯一一個人就夠了。

重要的是，一次又一次回歸這樣的初心吧？

我這麼對他說。好像是這麼說的，但當時我喝醉了，應該沒辦法說得很好。

想要傳達的那唯一一個對象，一定也覺得「這世上只有我一個人是孤獨的」。

115 失去故鄉的，過度失去故鄉的

在冬季聆聽的夏季歌曲。
一邊聆聽，一邊手拿冰棒站在冬季的海邊。
在夏季聆聽的冬季歌曲。
一邊聆聽，一邊想著過去溫柔的那人穿大衣的身影。
最遙遠的事物看起來最美。
這種病好像沒有任何藥可以醫治。

116 莎拉．沃恩[13]戀人的心情

不應該被說的話。不應該拍下的照片。

不應該乘上的公車或計程車。不應該落淚的站前。

不應該記得的日期。不應該看的天氣預報。

不應該被奪走的心。不應該死去的夢想。

感覺因為有了這些，自己才能勉強活著。

也覺得自己正不斷地被殺死。

13註：莎拉．露意絲．沃恩（Sarah Lois Vaughan，一九二四—一九九〇），美國知名爵士歌手。

117 為了永遠的和平

喜歡的事物，討厭的事物，
其他許許多多不喜歡也不討厭的事物，
其他許許多多喜歡或討厭都無所謂的事物。
還有因為可有可無，而極為奢侈的事物。

118 無數次在午夜零時集合

在午夜零時集合，一邊瞎扯淡，一邊不看地圖沿著軌道不停地往前走。
肚子餓了就走進超商買杯麵泡來吃。
看到深夜營業的電影院，可以直接走進去。
看完電影在薩莉亞聊感想也很有趣。然後搭首班車道別。
我想要這樣的朋友。
每次到了週五夜晚，總會冒出這樣的念頭。
就算是一期一會也沒關係。不，我更希望是一期一會。

119 凌晨兩點的飯店櫃台

神戶港附近一家老舊的商務飯店。這是我在那裡值櫃台夜班時遇到的事。

喝得爛醉、一身紅色禮服的三十多歲女子，踩著東倒西歪的腳步走進飯店。

「你可以陪我聊一下嗎？」她對我說。我停下在櫃台算錢的手，說：「好啊。」

她的指頭上掛著應該是憑最後的理性掏出來的房間鑰匙。

「我是來神戶工作的，但還是討厭關西。」

「為什麼呢？」

「我討厭關西腔。」

「唉呀。」「就這一點實在是沒法子。」

「沒問題的，我也是那種不知道為什麼，聽到女人講關西腔就會想起我媽，整個人清醒的類型。」

從如此糟糕的話題開始，她告訴我預定明早要回札幌。

「札幌是個好地方喔，一定要來玩。」她的嗓音恢復了一些明朗。我想起這段時光是她的一時興起，只是一期一會。和每天大量地前來，大量地消失，神態總顯得有些不悅的住客一樣，是一期一會。

飯店大廳還是一樣，只有我倆。

「你有姊姊對吧？」她換了個話題。

「您怎麼知道？」

「我有個弟弟，就跟你一樣感覺很可疑。」她說，露出乾燥的笑，大口喝了我遞給她的瓶裝水，像《魔法公主》的小桑那樣抹了抹嘴，說：「謝謝你，我要去睡了。」

「晚安。」我說。

遠處的電梯間傳來電梯門關上的聲音。

究竟是為什麼呢？不知何故，那瞬間我寂寞得就像隻落湯雞。

隔天早上，她非常開心地把鑰匙交還給我，說「昨晚謝謝你」。

她說「雖然我還是不喜歡關西，但我不會討厭這家飯店」。我沒有吐槽「你前田敦子[14]嗎」。不過，她這句話真的讓我很開心。

我一直不明白，為何自己會被飯店的夜班工作所吸引。

但這天早上我有些明確地理解了。

我想要觸碰某人的寂寞。就像她渴望某人的回應那般。

這份打工，我很快就辭職了。因為我再也不需要更多的回憶。

120 無法解釋的文學領域

有位朋友的愛貓過世了。

「貓過世的時候，我真的難過到不行。可是好像有另一個自己冷靜地看著難過到不行的我。純粹的悲傷與不純的悲傷，兩者同時並存。發現這件事的那瞬間，成了我回顧二十幾歲時，最難以忘懷的瞬間。」朋友這麼告訴我。

他說：「那種冷靜，讓我覺得礙事到不行。」

我回想起在心愛叔叔的葬禮上哭不出來的那個傍晚。

那天，我試著去想，無法在葬禮上流淚的我，本來就是個冷酷的人。

我想起了這件事。

14註：前田敦子，演員、歌手，曾爲日本女子偶像團體 AKB48 成員，於第三屆 AKB48 總選舉奪冠，致詞時說出「就算討厭我，也請不要討厭 AKB」。

在最想哭的時候最無法哭泣。
但是之後，我們一定會在不該哭出來的時刻痛哭失聲。
比方說，在走向地下鐵月台的樓梯平台處。
在末班車開走後的戶外停車場，或是在Seventeen ice的自動販賣機前面。
會在某一天，哭得彷彿沒有盡頭。
不過，我不知道觸發它的是什麼。也無法預感或解釋。
對了，我把這無可奈何的領域，稱為文學的領域。

121 可以前往任何地方的夏季

我真正想要回去的夏季，是只要有五百日圓硬幣、淑女車和一點反抗心，就覺得可以前往任何地方的夏季。

那個夏季不需要手機、地圖導航、網路，更不需要戀人。

不是不要命地狂玩遊戲的夏季、也不是被Netflix寵壞的夏季。

絕對不是。

122 殺人和逃亡旅行

如果對一切都感到厭惡，就出門旅行。

從東京到新神戶。在神戶港買了當日券，跳上前往新門司港的深夜渡輪。在以時速六十公里於暗夜中前進的甲板上，一個人獨占瀨戶內海的滿天燦星，一手香菸，另一手霜淇淋，聽著音樂，跳舞一整晚。

隔天早上，從新門司港到博多，從博多到長崎。找到三千日幣一晚的旅館看夜景。不和任何人交談。在隔天搭公車隨意前往鹿兒島的天文館，也沒有和任何人交談，也不想被搭話。

用肥皂搓洗濕掉的衣服，掛在緊急逃生梯晾乾。

看了地方腔很重的地方新聞，但新鮮感一下子就沒了，關掉電視。

「好想去沖繩。」以「口渴了」這樣輕鬆的態度如此想著。

搭上從鹿兒島前往沖繩的渡輪。

扶手沾滿了天然結晶鹽。我用指頭挖起來，邊舔邊俯視海面，嚇到腿軟。

那是只在照片上看過的寶石色彩大海。只要和它對上眼一秒，在抵達沖繩前，不可能有人承受得了。

在與論島下船。這是以擁有全日本最美麗大海聞名的五千人小島。

登島。朝海灘前進。沒有人。沒有泳衣。我脫到全裸，邊吶喊邊衝進大海裡。

但這是二月的海，太冷了。再急忙穿回衣服。冷顫的預感，不出所料，沒多久連日累積的疲勞就化成了高燒。

夜晚。靠著遠方的燈塔，信步走在沒有路燈的島上。

某種巨大的蟲子飛撲到臉上，嚇到跌了一跤，電量歸零的手機掉落，摔破了螢幕。附近田地有機肥料的臭味刺鼻，還看得到星星。笑出來，或哭出來。我沒有工作，差不多也快身無分文了。

早上。在渡輪乘船場睡得像死人，被島上的男人給叫醒了。

「你是殺了人嗎？」他以鄉音濃重的方言笑我。我的外表就是骯髒成這樣吧。
「還沒。」我說。
「那下次去住民宿吧。」男人說，我無力地笑，他補充：「我們島民不看電視新聞的。」
看來對方真的以為我是殺了人逃亡到此地的。
就這樣，我有了一個如果殺人就可以亡命的地點。
然後我懷著應該再也不會踏上這塊土地的確信，結束了旅程。

123 無法以言語形容的事物

假設就像青色與水藍色之間有上百種顏色一樣，「寂寞」、「悲傷」、「難過」之間，也有上百種感情的色彩的話。

同樣地，假設朋友和戀人、戀人和家人、生活和工作之間有著上百種關係和狀態的色彩的話。它們大抵上都太過幽微、纖細，無法形諸言語。

而社會不會容忍無法以言語形容的事物。

可是，如果我們被賦與了使命，不論如何都要保護無法以言語形容的事物。

如果設法對抗這樣的社會，就是我們被賦與的使命的話。

124 小小的墮落論

再也不想做任何事時，容許自己什麼都不做，是很重要的。

不要勉強，要休息。其實這種時候，就連心愛的音樂都幫不上忙。甚至連開朗的朋友都有害。即使如此依然想要堅持努力的自己，就讓再也不想努力的真正的自己好好地殺死吧。

好好地睡一覺，醒來，再好好地睡一覺，如此重複，覺得似乎湧出一點點活下去的力氣的話，就從撿起一件丟在房間地板的內褲開始做起吧。也可以自己修剪變長的瀏海，或大失敗一場也行。

重要的是，從谷底翻身。

好好地落到最深的底部，然後從那裡輕輕地浮上一公厘。

125 乾脆回到一切都笨拙到家的時代

再繼續說下去可能會愛上你，所以差不多該打住了。

或是：再繼續說下去可能會說「去死」，所以就笑著沉默好了。

或是：再繼續夜遊下去就沒車可搭了，今天先回家吧。

變成大人以後，就只有怎麼做才不會受傷的算計變得更厲害。

不過度期待、不過度絕望、不過度嫉妒、不過度迷戀、不過度生氣、不過度悲傷。只有這些小伎倆變得更精明。

可是精明，真的很無聊。

不想要對人精明。也不想要別人對自己精明。精明這玩意兒，不是很下流嗎？

與其如此，乾脆回到一切都笨拙到家的時代好了。這陣子我一直這麼想。

也就是說，我想要在成為大人以前，就決定不當什麼大人了。

126 戲劇文學教授想聽的謬論

戲劇文學的女教授是我所屬研究室的導師。

某次，她講解完相當艱澀的文學理論專書的一節，問我們：「對這段內容，你們有什麼想法？」光是書中過度抽象的內容就已經讓我們招架不住了，而且又不想被老師發現我們有多笨，因此對她的發問就像葬禮般沉默著。

結果教授表情完全沒變，說：「連一點謬言都說不出來的話，現在馬上留下你們的學生證，直接退學吧。」

接下來呢？

因為她這段話實在是太美了，我根本不記得後來怎麼了。

她的聲音清透悅耳，就像不管喝上多少杯百加得蘭姆酒都不會醉的莎拉·沃恩一樣。我無故缺課，她就會在電話裡撩人地說：「邀人家約會，卻放我鴿子，你是什麼意思？」是這樣的教授。

不過我想她應該是真心動怒了。不管裝出再怎麼嚴厲的模樣，她對學生的失望與絕望，即使如此仍無法徹底拋棄的希望，還是依稀可見。

大學教授裡，真正的教育家不到百分之一。而她就是個教育家。

不過，我到現在還是時常會想。

當時的她想要聽到我們說的謬論，到底是什麼？

而我現在刻意不說出來的是什麼？

有人刻意不說出來的是什麼？

這些話，才是真正非說不可、非聽不可的話。

（這位教授已經退休，現在和家人一起住在倫敦。）

127 和一群人出去喝酒記得保持清醒

喝完第五杯啤酒，和完全喝茫的朋友在鴨川聊天。一個朋友說想要創業，另一個朋友說還早吧。

「什麼？」第一個朋友反問。「你才沒那種出息。」另一個朋友嗆道。

文組男人就要吵起來的時候，現任外科醫師的朋友開口了：

「你們文組的倒好了，哪像我，未來都已經決定好了，往後只要一直做一樣的事，年收一兩千萬日幣是指日可待。不必冒險也一定會如此。雖說是自己選擇的路，但一切都在意料之中，我一點都不覺得開心。你們還有數不清的選擇，這讓我羨慕死了。」他說完的瞬間，朋友K嘔吐了，結果當晚就此散會。

隔天，外科醫師本人也不記得說過這些話了。我不是想要表達醫生也有醫生的憂鬱，而是即使每個人都喝醉了，你也必須是唯一清醒的那一個。

因為唯獨在這時，別人才會曝露出他們真正的弱點。

128
神聖不可侵犯的場所

弱點可以戳，但不能刺。

優點可以摸，但不能詛咒「要變成這樣」。

129 凌晨四點在病房大樓

痛到跳起來。然後因為太痛了，又睡著了。

這天是聖誕夜。我坐在輪椅上，右腳骨折，外傷性骨髓炎。雖然吊了抗生素點滴，但三十九度的高燒仍持續了兩個星期。雖然習慣了高燒，不過同房病友夜半可怕的打鼾聲，我怎麼樣都無法適應。

住院天數是「不定」。至於為何如此，理由如同前述。

深夜溜出病房。唯一的樂趣，是從九樓的會客室大廳窗戶俯瞰南新宿的霓虹夜景。那天夜晚，我一樣看著那片夜景，背後走廊傳來一些動靜。回頭一看，正在巡房的護理師手中的手電筒筆直地照向我。

「我一直在想，其實你是故意被卡車撞的吧？」護理師劈頭就說。

「老實說，真沒禮貌。」

我這麼回答，她便一本正經地接著說：「可是你那張臉就寫著是故意的。」

みずほ銀行
みずほ信託銀行

她是專門罵人的護理師嗎？因為她實在太直接了，我忍俊不禁。

夜間巡房的她說，以前有個在醫院前面被肇逃車輛撞成開放性骨折的傷患，匍匐前進地爬進醫院一樓。「我還以為戰爭爆發了。」她哈哈大笑。

不知為何，我腦中立刻想像出哭著匍匐前進的男子，和賊笑著在醫院裡迎接他的護理師。那名病患在住院期間，似乎多次試圖坐輪椅在夜間逃院。

她似乎完全看透了我的心。

「你平常是做什麼的？」她換了個話題。

「寫文章。」我回答。

「騙人，笨到會被卡車撞的人，怎麼可能寫得出文章。」她一樣毫不留情。

後來每到深夜，她都會陪我聊上幾句。

我說失眠的夜晚，我都會在YouTube看飛機失事、火車脫軌的集錦影片，聽到這話會笑的就只有她。我和她聊著，依稀明白這樣的護理師難得一見。

出院之後我確信了。那完全是護理師的愛吧。

130 經過二十五、二十六歲

對不起。
比起珍惜我的人，我更喜歡不珍惜我的人。
比起得到的事物，清點失去的事物更合我的性子。
比起交往的人，我更想念未曾交往的人。
事到如今才要結束，但其實老早就結束了。
這是筆，那是在努力要永遠相愛的笨蛋頭上也會閃耀的月光。

131 喜歡太宰治的女生

我曾經和一個喜歡文豪太宰治的女生聊天。

喜歡文學的人，大部分都很暴力。喜歡太宰的人，大部分都靦腆溫柔。

在愛上這樣的她以前，我問：「你跟上一任是怎麼分的？」

她說：「他捏我的袖子。用拇指跟食指。那真的很討厭。」

「就這樣？」我問。

「就這樣。」她點點頭。好險，我差點就愛上她了。

莫名其妙冷掉。不，或許也不算莫名其妙。我一直忘不了在立川站的Excelsior Caffé吸菸區聽到的這件事，後來每當聽到類似的事，就會想起袖子的故事。第一次得知所謂「蛙化現象[15]」的意思時，我確信這些現象，幾乎就是這麼回事。

「你愛的是不是只有你自己？」

但我到現在還是很喜歡袖子這段故事。因為非常孩子氣，不是嗎？

132 留下來的人

二丁目小酒吧左眼失明的老闆某天晚上問我：「常有人找你傾吐心事嗎？」我回應：「老闆才是吧？」他搖搖頭說：「我再也不聽別人傾吐心事了。」十幾年前的春天，有個常客找老闆傾吐人生的迷惘。金錢、工作、家庭。這是常有的事。老闆當時初出茅廬，認真回答每一個問題。

然而，隔天那名常客自殺了。他為何尋短，沒有人知道理由。

「傾聽別人的心事，就等於是承擔那個人的人生。可是沒有人可以做得到，因為我們不是上帝。」老闆停下擦杯子的手說。

「我想，自殺的人，本來壽命就只到那天而已。」我明知道這話有些風涼，但還是說了。「所以留下來的我們，只能堅強地活下去。」

「是嗎？」老闆說。「是啊。」我說。

15 註：指單戀的對象回應愛意時，卻突然覺得對方噁心、興趣全失的心理現象。典故來自童話青蛙王子。

133
難以傾訴的心事

如果真的會賺錢，不可能把賺錢的門道透露給別人。因為這樣會害自己虧損。
真正的傷心人，不會把傷心事告訴別人。因為只會愈說愈傷心。
真正相愛的人，也不會向別人宣傳兩人有多相愛。因為兩人的愛情是崇高的。

假設所有的一切，訴諸言語就會失去純度。
即使如此，我還是想要向你傾吐。

134 動物與人類

我從養狗的人那裡聽過這樣的事。

飼主情緒低落時，狗會叼著玩具跑過來，不是因為想要飼主陪牠們玩，而是因為和牠們一起玩的時候，飼主的表情非常快樂。不過實際上究竟如何，只有問狗才知道。

養了貓以後，我知道了一件事。不管主人再怎麼生氣，貓依舊我行我素。這或許是「貓乃神明」的證據。不過我發現，貓似乎覺得「比起罵完我再要求；要一面稱讚一面要求，我才知道你到底想要我幹嘛」。我也聽說過，對自己不利的事，貓兩秒鐘就會忘記。但實際上究竟如何，我不知道。

不過，唯有一點是確定的。

我們應該也對人類更寬容一點。

135 關於家人

別的部門有個前輩，已經結婚四十年左右了。我曾有機會和他共事一年。不曉得第幾十次一起吃午飯的時候，我終於決定提出這個問題：

「如果前輩覺得不舒服，不用回答也沒關係，可是我還是想請教一下，為什麼前輩沒有生小孩呢？」

大前輩嚼著漢堡肉，說「想生早就生了」，然後他放下叉子，「不過，我跟我老婆都覺得這樣就好了」。接著他又說：

「我們決定不生小孩，不過要養兩隻巨大的拉布拉多犬，大家相親相愛，一直到死。實際上現在也每天吵吵鬧鬧的，很開心。別人常說我們真是輕鬆。當然，職場上遇到有小孩的同事，我隨時樂意伸出援手。不管是同事、這份工作，還是自己的作品，我都像自己的孩子一樣喜愛。當然你也是。」

「這樣不行嗎？」大前輩調皮地對我一笑。

工作上，我從前輩身上獲益良多，不過我最愛的還是他這段話。

136 想像沉默的人

大白天看著新聞節目或推特，偶爾會遇見可怕到無法形容的新聞。或者說，愈是可怕的事跡，愈會傳進耳裡。

要是身邊有這樣的人，就要立刻列入黑名單，務必要拉開距離，結束關係。只要拉開距離，大部分的問題都能解決。

但新聞就沒法這樣了。

新聞會從畫面另一頭跑出來。

這是滿久之前的事了，有個女生出面控訴遭到性騷擾。

據她控訴，加害者是全日本最知名的YouTuber之一。兩人之間的LINE截圖到處瘋傳。裡面的對話紀錄，是筆墨難以形容的性騷擾。每個人都把憤怒的矛頭指向加害人。男方沒有任何辯解。但後來被害人與加害人雙方同時表明：「其實根本沒有發生過這樣的性騷擾。」

事後發現，這一切都是那名YouTuber為了宣傳新歌而搬演的一齣戲碼。

我氣到腦血管幾乎要爆掉了。

即使不提曾經遭遇不只一兩次權勢騷擾與性騷擾、努力隱忍的過來人角度，想出這種公關手段的無知與沒神經，也讓我憤怒不已。要是坐視不管，會導致往後真正的受害人挺身控訴時，說服力大打折扣。

過去一直對抗各種騷擾的人們，他們的努力也會付諸流水。然而這些人的粉絲甚至想出一套說詞為他們開脫。我失望透頂，甚至想搬去無人的地方隱居。

但我什麼也沒說。

因為我覺得不能讓別人看到自己對年輕人氣到抓狂的難看模樣。然後，只留下了深深的徒勞感。

我告訴朋友這件事。

「我也是，看到這種事情，我都不會吭聲。」他說。

「並不是視而不見。我會好好地看個仔細，但是默默拉開距離。我覺得到處都有人對令人作嘔的新聞選擇沉默，但他們也一樣都看在眼裡。什麼都不說的人，因為什麼都不說，所以我們看不見，只是這樣而已。不過確實有這樣的人。我們要靜靜地去想像這些沉默的人。」

朋友這樣告訴我。

137 上了年紀就做不到的三件事

上了年紀以後，就沒辦法讀長篇小說了。

不是因為太忙，而是因為現實比小說更荒謬、更沒道理、更有趣。

最重要的是，看小字太吃力了。基於同樣的理由，也啃不下參考書了。

最好趁年輕盡量多讀書，就是出於這個道理。

上了年紀以後，就沒辦法看壞結局的電影了。

因為現實的發展實在爛透了，會忍不住希望娛樂的最後能有一絲希望或幸福。

所以最好趁年輕盡量多消化難以下嚥的內容。

上了年紀以後，就沒辦法出門旅行了。

腰腿無力，最重要的是怕麻煩。還會把怕麻煩的心態正當化。

所以最好趁年輕盡量多踏上幾次衝勁十足的旅行。

最後，說服自己「愈麻煩的事愈好玩」、「好玩的事都是麻煩的」。

138 為了說出最有趣的故事，是我們活著唯一的理由

關於全世界最古老的小說，最為有力的假說是「圍著火堆，比賽誰說的故事最有趣」，有此一說。小說原本當然不是有形，而是無形的。而這有趣的故事，最早當然也是「實際發生過的事」，但眾人漸漸覺得膩了，有人編出「不確定是不是真實的故事」。就在這一刻，現今的小說問世了。

不知為何，我總是在不經意之間，一再想起這個假說。

按下電梯鈕時、煎荷包蛋時、穿鞋子時，會執拗地想起來。

每一次都會毫無脈絡地想：「我們該做的事就只有一件，就是圍著火堆，和同伴比賽誰說的故事最有趣，不是嗎？」

為了說出有趣的故事而追求有趣。聽到有趣的故事，開懷大笑。說著「啊，真是太有趣了」，安詳離世。不用想什麼複雜的事。我們需要的，就只有這樣而已。

139 香水，或是我們所愛、所畏懼的事物

有個調皮的女人告訴我：「我總是搽每個女人都愛的香水，這樣一來，一旦分手，對方就會過得很慘。」她說的香水，當然是指C牌（Chanel）。

都會間諜型女子說：「我會視當天見面的男性，搽上味道不同的Jo Malone。」

更有女子這麼說：「我會分成兩種情況，看是戰鬥模式，或是睡眠模式。」

不同人使用香水的規則，就和開始抽菸的理由一樣五花八門、確切而且有趣。

我則是喜歡Santa Maria Novella的京都香水citta di Kyoto，還有Chanel的藍色香氛。前者是佛教徒般的香味，後者散發疲憊的男人香味。

話說回來，據說人會愛上的，都是距離自己最遙遠的事物。

然後最為害怕的，是被所愛的人遺忘。

140 不乾不脆的人，以及有些乾脆的理由

「請問，可以跟我約會嗎？」公司裡的黑髮美女客氣地向我邀約。

雖然害羞，但我就招了吧，我開心死了。我立刻卯起來精心規劃了一場約會。

因為實在是喜上眉梢。

可是，她是個有些漏洞百出的人。感覺「怎麼樣都可以」。不管有什麼糾葛，或是毫無糾葛，她感覺都是「怎麼樣都可以」。這總教人有些疙瘩，我難得還不到末班車時間，就讓女方回去了。

一星期後，她和公司裡另一名男同事結婚了。啊，原來是這麼回事啊，我想。

回頭一看，在那之前與之後，我都遇過一樣的事。每一次我都會想到的是：「怎麼樣都可以的人，其實都有著無法做出決定的明確理由。」

然後，「本人永遠不會說出那個理由」。

而我不知為何，到現在依舊無法對她那種透澈的狡猾感到生氣。

141 地下偶像日：異常的愛，背後是異常的自戀

我的朋友裡面，有成軍三年的地下男子偶像團體成員。他們每星期都會登台表演好幾次。無庸置疑，是因為瘋狂的粉絲支持著他們的活動。

我問他們，在二十幾歲得到了什麼體會嗎？

其中一人說：「突然冒出來的人，也會突然消失。」我追問詳情，他說突然對他們付出驚人愛意的人，一旦發現得不到相同的回報，就會立刻消失。然後每一次自己都會為此受傷。

另一名成員聞言抗辯：「吶喊『我用盡全力在愛你』，意味著『你也要用盡全力來愛我』，也就是他們認為自己被愛是當然的。根本是超級自戀的人吧。」纖細的他訥訥地如此說明。

話中還提到「會說『虧我這麼支持你們』的粉絲，已經越線了」，我笑著聆聽他們天南地北的閒聊，依稀想起了《魔法公主》開頭登場的邪魔「拿各神」。

142 關於人生的輸贏

深信「人生有輸贏」的人，也可以說是「最害怕發現人生並沒有輸贏」的人。
遺憾的是，人生並沒有輸贏。
想要發大財、一輩子都不必為錢煩惱的人，只要不擇手段瘋狂工作賺錢就好。
不想要那麼多錢，只想細細品味想做的事的人，適當地工作賺錢就行了。
沒有哪一邊比較了不起、哪一邊才正確。兩邊都很了不起，也都是對的。

幾乎在所有的問題上，都不是輸贏或對錯的問題。
硬要說的話，人在活得最忠於自我欲望時是快樂的。就只是這樣而已。

143 但我的絕望是女孩的形狀

每次分手，都覺得心在凋零。這種時候，我一定會買香水。

想見的人再也不會想見自己；討厭的傢伙說了有點帥氣的話。

我決定全部銘記在心，雖然總有一天一定會忘記——如果承認這些，就再也沒有任何想說的話，也沒有任何想做的事了。

這種時候，我都一定會買香水。

所以我家有大概三十瓶的香水。

144 比起不可能的Happy End，寧願是最棒的Merry Bad End

發表小說時，我曾經被讀者罵：「這故事怎麼不是Happy End？」

我回答：「這年頭Happy End的故事氾濫。沒事的時候，好結局能派上用場，但狀況遭透的時候，好結局根本毫無用處。」附帶一提，那篇小說有些人讀了認為是幸福的結局。我也把它當成幸福的結局在寫。

有個詞叫Merry Bad End。

意思是「有些人覺得這結局無可救藥，但在某些人的認知裡，這是再幸福不過的結局」。換言之，個人解讀是懸在半空中的。但不只是小說如此。

如果能在人生當中追求幸福結局，就去做吧。世上很少有人會去追求壞結局。

但我覺得就算是Merry Bad End的人生也無妨。只要本人幸福就好。

有些事情，只要有一小撮的人瞭解就夠了。

Note

關於戀愛的55個體會

1 世上沒有灰姑娘，也沒有白馬王子，命中注定的人只能靠自己尋覓。

2 「喜歡」不需要理由。雖然可悲，但「討厭」也不需要理由。

3 「不喜歡也不討厭」總是傷我們最深。

4 以尊重爲基礎的關係最能長久。

5 雙方經濟不自主的戀愛是鬧劇。

6 雙方精神不穩定的戀愛很危險。

7 雙方生活不自足的戀愛很短命。

8 我們不會愛上完美的對象，而是不知爲何愛上對方的不完美。

9 世上沒有完美的對象，也沒有完美的自己。

10 能夠輕易用戀愛技巧追到手的人，說穿了就只是這種程度的對象。

11 能夠輕鬆用膚淺的柔情追到手的人，說穿了就只是這種程度的對象。

12 欺騙的時候，要騙得徹底。

13 知無不言，毫不保留，並不叫正義。

14 要當成一旦被對方摸透，就會立刻被厭倦。

15 要讓自己保持神祕、難以捉摸。要學習，持續而緩慢地改變。

16 比起「喜歡」或「愛」，相信「不經意地湧上心頭的憐愛」輕鬆多了。

17 大人不會向大人解釋爲什麼開始討厭。危險的人到最後還是危險。

18 你喜歡的人，會出現在你喜歡的地方。

19 突然貼上來的人，也會突然離開。

20 男女之間的友情有百分之九十九不會成立。

21 男女之間的友情唯有其中一方極端欠缺性魅力時才會成立。

22 男女之間的友情決定性的結束，是「不想被別人搶走」的心態。

23 基於禮貌，首先要稱讚對方。

24 找到沒有人稱讚過的地方，稱讚的時候，要竭盡一切話語稱讚。

25 但話語還是容易陳腐到不行。

26 戀愛不需要LINE。快點手牽手衝向海邊。

27 對於眞正愛上的人，無法表現得灑脫。

28 雙方都只有想見面的念頭的話，便永遠無法相見。

29 比起想要主導的人，想要被牽著鼻子走的人更多。

30 比起主動邀請的人，想被邀請的人更多。

31 所以請記得一定要當前者。

32 「交往」就是享受，讓對方享受。就這麼簡單。

33 「交往」不是可以麻煩對方的理由。要麻煩去麻煩朋友就好。

34 但刻意向對方撒嬌，有時候就等於是讓對方撒嬌。

35 雖然有外表或個性這兩種選擇，但任何一種都不能對自己或別人妥協。

36 一開始覺得不對勁的地方、硬吞下去的妥協點，遲早會膨脹到爆炸。

37 分手的徵兆是「好麻煩」的念頭。

38 分手的關鍵是「說再多也沒用」的念頭。

39 如果把追求長久當成目標，戀愛就會結束。

40 戀愛的職責不是只有彼此說喜歡。

41 覺得年長者看起來更有魅力，不過是因爲對方在知識上輕易勝過自己。

42 在年輕情人身上追求的，不是美麗或可愛，是能一筆勾銷年紀的人生態度。

43 不論男女，都是先被年長的情人訓練過一番，然後轉爲追求年輕情人，再被甩掉，這是世理之常。

44 會對一夜情念念不忘的，就只有暈船的人，而不是被暈船的人。

45 很多時候，對方古怪的行動，是源自於悲慘到不可理喻的過去。

46 喜歡到就算不用交往也沒關係，所以交往，這樣才是剛剛好。

47 已經懶得約在外面了，所以同居，這樣才是剛剛好。

48 已經幸福到不用結婚也沒關係，所以結婚，這樣才是剛剛好。

49 不管是對方的工作，還是自己的精神或生活，都不可能有絕對的穩定。

50 不管是同居、結婚，還是生產、育兒，都不可能有終點，所以放心吧。

51 不要說「不要做什麼」，而是說「如果可以幫我做什麼，我會很開心」。

52 吵架或許無可避免，但挑釁可以靠心態避免。

53 沒有名字的關係，有時候就讓它沒有名字地放下吧。

54 我們經常會忘記這件事，但失戀、結婚、離婚多少次都行。

55 要做好被「愛」這個莫名其妙的字眼折磨一輩子的心理準備。

最後，質疑這份清單的每一項體會。

最終章

關於愛情，粗淺的幾個看法

重要的不是彼此對望，
而是看著同一個方向，
懷抱相同的希望，
過著每一天。

145 所謂愛情，就是當事人能夠竭盡全力

愛情是金錢嗎？是時間、付出的心力，還是兩人的對話綿綿不絕？是不斷提問嗎？或是更實際的，挑選店家或付帳時的俐落瀟灑嗎？還是有難的時候會伸出援手、幽默說笑？還是費盡千言萬語的稱讚、用心良苦的責罵、不斷地特別偏袒？

我也曾不著邊際地想著這些事。

但我們所追求的，說到底就是這一切。

我們獻給最心愛對象的，也同樣是這一切。不論是貧窮、富有還是笨拙、靈巧都無關。最重要的在於，這一切的共通點就是「是否竭盡全力」。

不過，也是有避免竭盡全力的罕見的愛吧。

啊，總覺得好害羞。所以我要把岡崎裕美子精彩的短歌放在最後，來結束這篇自我中心的隨筆。

「這副身子就送給你了，把你擁有的名為愛的一切都給我。」

146 不成文規定的極小一部分

不要為了更大、更極端的事物，
犧牲小小的信用。

147 以弱小為前提

比起強大的人，我更喜歡軟弱但努力堅強的人。

比起避免受傷的人，我更喜歡每一次都徹底受傷、憤怒或哭泣的人。

比起自嘲的老成世故，我更喜歡不放棄纖細的人。

我喜歡即使最終一切都無所謂，仍在前一刻啜飲美味湯品的人。

這才是生而為人真正的堅強。

148 下廚這封情書

會做菜，就像是用幸福把人一拳揍倒。

幸福的種類愈多愈好。

如果能擁有會更好的東西，有多少都不嫌多。

招待別人很好，拿來招待自己也很好。

149 我們是為了優雅地落敗而生

常說「人生有三件大事，結婚、生子和為父母送終」。不過，真是如此嗎？仔細想想，第一個提出這種說法的人，對婚姻未免有過多幻想。或是對即將誕生的未知感到極為詫異，平時應該也不怎麼孝順。

我認為人生被迫產生劇烈變化的時刻，不是如此膚淺的事。人生劇變的時刻，是打從心底確信「我絕對贏不了這個人」的時刻。

以戀愛為例，就容易瞭解了。

從「喜歡」變成「愛憐」的剎那，會覺得「我再也贏不過這個人」、「其他人根本不可能比得過這個人」。多半也都是在這種轟雷掣電的瞬間，我們會模糊地開始考慮同居或結婚。這應該是一段愛情最為優雅地死去的瞬間。

以工作來看，也很容易明白。

假設想要在某些領域贏得第一。在這段過程中，發現了遠比自己更適合、更有才能，即使輸給他，也能享受、沉浸在這段過程中的人。這樣的對象，除非我們極具毅力，否則很難擊敗他。然而，醒悟到這個事實的瞬間，我們仍然會跨出腳步，開始尋找只屬於自己的拿手領域。

對家人也是一樣的。

為人父母後的朋友，好像會看著兒女心想：「我贏不了這孩子」。

不過，我聽說這種惹人憐愛的落敗感，與其說是在孩子出生的瞬間萌生，更像是在育兒的各個場面中出現。會以有些超脫的心情想著：「比起只為了自己而活，透過這個孩子看世界，或許也是一個選擇。」

當然，可能也有些父母並不這麼想。這樣也沒有什麼不好。

當然還有親子顛倒的情況。有些人在年近三十時才發現「我果然還是比不過母親／父親」，暫時原諒了原本憎恨的父母，然後終於能夠接納自己的人生，迎來放下肩頭重擔的時刻。

我們不是為了得勝而生。而是為了優雅地落敗而生。

徹底地落敗，東山再起的瞬間，才能真正站上人生的分歧點。

150 在銀座線上祈禱的老派浪漫

「我們那個年代的地鐵只有銀座線。當然也沒有什麼手機。」如此開始話當年的，是在酒吧偶遇的六十五歲銀髮紳士。

「所以相約見面時，只能心懷祈禱等待。你們這個世代懂這種祈禱的心情嗎？」他有些得意地說。

只有銀座線。只能心懷祈禱等待。

我經常回想起來，光是他這句甜美的話，就讓我整個人迷醉了。

相對地，我向親戚家的國中男生打聽最近的戀愛狀況，他告訴我的又是南轅北轍的情形。他說，「重要的事不會在LINE或ＩＧ上面說，一定是當面講。」

我有些意外，問他為什麼，他說「萬一被截圖傳開就死了。」

好糟糕的時代啊。不過在某個意義上，他也在「祈禱」能夠只和喜歡的對象私下獨處。

身在不論是惡意或好意，都會被毫不留情昭告天下的殺氣騰騰時代，推特告訴我們，真正危險或嚴重的事，人們不會寫在網路上，而是想要當面談。ＩＧ告訴我們，真正美好的瞬間，還是只想和唯一那個人分享。限時動態告訴我們，有這麼多人，為了想傳達給唯一那個人，而選擇傳達給所有的人。

當然，生活真正充實的人，不會每天更新社群媒體。

這麼說來，最近線上酒會流行起來了。但我們在結束通話時，還是會說「希望哪天可以線下聚一聚」。不管社會如何數位化，不管是現在還是過去，能夠當面向本人傳達，依然是最大的幸福。

世上再也沒有比真實的對話更值得珍惜的事了。

比起任何小說的一行、任何電影名作的一幕，朋友醉醺醺吐出的驚人一語，更讓我無限喜愛。

151 愛的工作，比互訴愛意困難太多

變成大人以後，人會默默地離開一個人。

連一句「我討厭你的這一點」、「我不喜歡你的這一點」都不會留給對方，默默地離去。

即使如此，還是有願意責罵我們的人、還是有希望他可以好好地否定我們的人。我覺得這是非常奢侈的事。

但不只是自己而已，或許對方也有著相同的願望。

愛的工作，要比互訴愛意更加困難太多太多。

152 關於遠距離戀愛

直接說結論，遠距離戀愛的幸福結局，就只有「同居」一條路。
就算「同居」讓人害羞，住在隔壁也很理想，無法共同生活的人，遲早都會分道揚鑣。
遠距離戀愛當中，彼此分享芝麻小事很重要。
互傳照片互送甜點很重要，推薦喜歡的電影和書，欣賞相同的作品很重要。一個人也能活下去的生活能力也很重要。但更重要的不是彼此對望，而是看著同一個方向，懷抱相同的希望過著每一天，是這種微小的真實感。
不管現在再怎麼沒有展望，也要不斷地談論未來。
描繪願景，然後好好地實現承諾。
這不管是遠距離、中距離還是近距離，都是一樣的。
兩人見面的頻率不是問題。堆砌起戀愛的，是沒有見面的期間在做些什麼。

153 男人和女人憤怒的不同

我從惹怒許多女人的經驗中學到，她們會從現在生氣的事，溯及既往到過去忍耐的事，然後再回溯到更久以前的事。

換句話說，女人想動怒的時候，不會當場發飆，而是會「等到憤怒值攢夠了，再一次算總帳」。當然，我同意有例外。

相對地，我從惹怒許多男人的經驗中學到，他們比較不會把怒意存起來（更正確地說，男人沒什麼記性），即使生氣，也是當場氣完就算了，船過水無痕。如果能夠讓對方絕對性地承認過錯，多半會傾向見好就收。

換句話說，男人是「有怒氣就發散，隨時結帳」。也許因為我是男人，所以會希望不要累積怒氣，一次算帳。看到信用卡帳單，「無法相信應繳總額的數字，各項明細卻都有印象」這種痛苦的經驗，如果在人際關係上可以避免就好了。

生氣的時候盡量當場好好地說出口。男人是傻瓜，不說出口是不會懂的。

154 男人是女人的作品

將未婚妻介紹給母親的那一晚，我和母親喝著純威士忌。喝到第五杯時，母親告訴我：「你聽好，如果以後你的女人變寒酸了，那全都是你的責任。她想要什麼都買給她。男人能做到的就只有這樣。如果做不到，就沒有資格和權力對女人說三道四。懂了嗎？」

這發言簡直像黑道，讓我忍不住瑟瑟發抖。

我的母親出生在神戶，是個如假包換的千金大小姐。

但我沒有對這番話的任何一句點頭同意。因為不管是已婚還是未婚，如果一個女人看起來寒酸，那是她自己的美學問題，是她自己的責任。不過，如果從母親的話裡扣掉五杯三得利Old威士忌的暴力成分，或許多少是可以點頭同意的。

仔細想來，男人是女人的作品。

但女人不是男人的作品，女人是女人自身完全的獨創。

這麼想的根據很單純。

男人一天二十四小時都想著女人（或是想著性事、色情之事）。所以會配合女人絕大多數的要求。相對地，女人不太會想著男人，也不太會為男人痴迷。因為她們有許多要做的事，以及想要獲得的勝利。

這樣說起來，可以推測大部分男人的樣貌都是被女人教育塑形的成果。

比方說，沉穩大度男子的沉穩大度，風流倜儻男子的風流倜儻，這些大抵上都是別的女人、過去的女人所形塑的作品。

要是搞錯了這個原則，以為這位紳士老成穩重，相當迷人，便因此輕易心動，就容易遭遇不測。因為他們的紳士風度，是某位女士調教的成果，就像是一種條件反射。

換句話說，他的迷人並非他的努力使然。就算去愛這種東西也是白搭。

如果不能扣掉男人被前任鍛造出來的部分，去愛本體的本體，是否就不能算是真正愛過？而男人是否也不能說是真正被愛過？

我在心中豢養的女子有些抽象地如此質疑，因此我把它記在這裡。

155
因為人不可能獨自活下去

無論如何都要忘掉前任。這類的想法完全就是被前任綁住了，我覺得「我絕對不依靠男人」的宣言，也證明了這個人強烈地被男人綁住。

如果我說「我再也不相信女人了」，你一定會想「啊，這個人超想相信女人的」。說什麼「我再也不談戀愛」的人，有百分之五千的機率會再次墜入愛河。

是不是該放棄想一個人活下去的念頭了？

能夠依賴的就依賴，該相信的就相信。

大方地認同這世上就是互相幫助，寬鬆地彼此依靠活下去。

這才是真正的自由、真正的自立吧？因為人不可能一個人活下去。

當然，要怎麼活是各人的自由，但我想要撒嬌地活下去。

156 我們唯一該說的話

努力的話，會被嘲笑那麼拚是要做什麼？

但如果什麼都不做，又會被指指點點說是米蟲。

有戀人，會被說跟那種人交往行嗎？沒有戀人，會被說你不寂寞嗎？

戀人未滿的關係，會被說最好不要。儘管要是能因為一句最好不要就罷手，根本就不算是開始。

盡情發揮個性，會被說不受異性青睞。追求保守，會被說沒有玩心。不結婚，會被說等著孤獨死。結了婚，會被問什麼時候生小孩。生了小孩，會被問什麼時候生第二胎，會被問怎麼不搬到更大的房子。

不管說什麼、做什麼，都有冷箭射來。都有人要找碴。

所以我們該說的話就只有一句：「干你屁事！給我閉嘴！」

我要活得率性自我。也隨你愛怎麼活、愛怎麼死。

157 刻意不去追求

看過的煙火會從顏色開始遺忘，但沒能看到的煙火，會一直記得沒能看到。

交往過的對象會逐漸忘了為何愛上，但沒能交往的對象，會難以忘懷為何愛上，不是嗎？

也有些地方，是藉由刻意不去追求，而冀望它變成永恆的，不是嗎？

或許無法觸碰，才更難以忘懷。

雖然即使如此，我們還是無法停止去觸碰。

158 擅自公開的私訊

「從炮友的公寓看到的大海，曾是我的一切。」

159 關於復合

如果你在考慮該不該和某人復合，最好想起這件事：

「電影的續集大部分都很無聊」。

即使如此還是想要拍續集的話，必須要有這樣的覺悟：

「要創造出截然不同的傑作，幾乎讓人忘了前作」。

160 同性愛本來就是平凡的

我以前讀的是完全中學（國中和高中皆集中在一處）的男校。因此，不管是被人告白還是愛上對方，比起異性，都是同性比較早。畢竟就近在身邊嘛。

我曾在睡衣派對上被人緊緊地貼著，或是下課時間被親臉或親別人的臉。

大部分都是以阻撓準備下一堂的單字小考等名目進行，但假藉名目去做的行為大部分都是真心的。喜歡上的對象剛好是同性，這是常有的事。

我聽說女校也是一樣的狀況。雖然如今回想起來，總覺得令人發笑。

也許因為如此，同性向者對我來說是理所當然的事。

倒不如說，身邊就只有同性，一直到進入男女同校的大學以後，才發現原來還有異性戀這回事。

更進一步說，發現比起男生，我比較喜歡女生，也是在上大學以後。

因為男生動不動就會跑去上酒店。我覺得這很討厭。

而女生看似浪漫，實則現實。這讓我很喜歡。

話說回來，常說喜歡的同性不是同志時，那份思慕就會變成一種悲戀。

但我不這麼認為。事實上也不一定就會是悲戀。

慢慢地去聊天就行了。慢慢地去做跟異性沒辦法做的事就好。變成能完美填補對方缺點的最棒的死黨就行了。然後在關鍵時刻傳達出誠摯的情感。

有些人會透過這些正式的程序而追到對方，或是被對方追到。只是他們很少會到處向人宣傳而已。

即使如此還是無法追到的話，問題不在是不是同性向者，也不是對方理解不夠、或是時代的關係。純粹是自己不夠吸引對方，或只是單純運氣不好。

不過，運氣不好，也是一種實力的不足。乾脆地承認這一點，被對方討厭就是了。沮喪到谷底，再學不乖地去愛上別人就行了。

最好華麗地超度這份感情。

啊，變成平凡的結論了。因為同性愛本來就是平凡的。

161 同居最好輕率為之

如果你有心上人，覺得可以一起走下去，就快點同居。
戀愛只是前戲，同居才是人與人的認真對決。是正式上場。
如果覺得現在死掉也不會有人發現，就更應該同居。
如果覺得一個人吃飯與其說是吃飯，更像在果腹充饑，就乾脆同居。
若是覺得孤獨或許已經沒有意義了，一樣乾脆同居。
實際上，只有在二十五歲以前，孤獨才具有某些創作上的意義。

不過，一個人和另一個人開始生活，就會爆出無數衝突的火種。
浴巾是用過一次就洗，還是可以連續用兩次？是外食派還是自炊派？是愛吃甜還是愛吃辣？是晨型還是夜型？是喜歡整潔還是大而化之？
這些火種無所不在。而且就算同樣喜歡整潔，講究的點或許也大不相同。
不過，這些事前確認的事項，做到最基本的就夠了。

還是早早同居比較好。

因為不管事前討論得再多，九成九還是會為了預期之外的問題發生衝突。每一次衝突都必須討論。有時候討論也解決不了問題。這就是所謂的和另一個人一起生活。沒辦法一口氣分出黑白。每天一眨眼就過去了。所以一開始也可以和朋友住在一起，作為練習。

在做同一份工作時，重要的是準備一筆逃亡的資金，以便隨時可以辭職走人。同理，同居需要的應該是隨時都能中止同居的生活能力。重要的大概有：不把自己的不悅和不講理發洩在對方身上的理性、為了避免這種情形發生的第三個空間、能夠幽默應對任何悲慘狀況的心智。這些每個人都知道，也預想得到。

但明白這些的自己，會在什麼樣的情況下連這些都無法遵守？原以為知性無比的對方，會在什麼樣的情況下，如何失去聰明理智？這些都只有住在一起以後才會知道。

不管是一起旅行還是一起兜風，都不可能知道這些。
因為不會留下後患，一開始還是和朋友住在一起比較好。

不要吵架，拿出替代方案。

162 住在同一個屋簷下的本質，就是作對

我問和另外兩個男生一起住在神戶長達六年的男性朋友：

「同住在一起，得到最大的體會是什麼？」

他在西村珈琲店歪頭尋思，回答：「我覺得同住基本上就是作對。」

他若無其事地說：「作為異物、礙事的東西，去妨礙對方，攪亂對方的生活和人生，樂在其中，這就是同住。」這種心態，居然能撐上六年——我正心想，他周到地補上一句：「不過，有時候也會彼此扶助，不是嗎？」

截至目前，我分別和三名男女同住過。因此我完全理解他這番話。

許多人基於「一起住比較省錢」的理由，和別人同住。

但異質的兩個人生活在同一個空間裡，本質上就是異文明之間的衝突，是詫異與不理解的你來我往，是摻雜了非語言和語言的三百六十五天戰爭。就連距離那麼遙遠的川普和習近平都會吵架了，兩個這麼近的人，不可能不吵上一部小說的

文字數。

雙方必須認清這個前提。不能忘了這個前提。

說著「一起住比較省」，開始同住，完全只是表面話，其實應該說著「我們來精彩地彼此作對」，展開同住生活才對。

否則會在不知不覺間，讓「省錢」漸漸變成「我都為你做了這麼多，你付出這一點也不為過吧」的計較大賽。不不不，同居本來就是一連串的不合理、邏輯錯誤和荒謬。

愛和體貼，與「合理」極端不合拍。

而且掛在嘴上的「我為你做了什麼」的「什麼」，對另一方來說通常都毫無價值。就算一樣愛乾淨，也有些人認為窗戶骯髒無所謂，也有人會選擇性忽略玄關的一點凌亂。然後兩人就會意見分歧，接著吵架。太沒道理了。

這說不通的道理是早已預料到的事嗎？彼此理解雙方的無法理解嗎？

就算用同一款洗髮精，也沒辦法變成同一個人，有辦法連這都去享受嗎？

這就是同住的基本。同住的前提，可以說是「彼此作對也無所謂，所以我們現在同住在一起」的餘裕和調皮吧。

163 「沒必要為了得到幸福而不幸」

加班時間超過過勞死認定標準的三倍了。

從那天開始，首先是語無倫次，嘴唇和眼皮顫動，耳朵漸漸聽不清楚。而且可悲的是，明明無法思考，卻在山手線車站裡淚流不止。

我想只要是經歷過繁重業務的人，都可以理解，但是，人愈是處在萬劫不復的悲慘狀態，愈會卯起來說服自己「會沒事的」。

我也是如此。完全就是死貓反彈[16]狀態。是年輕不懂事。

即使是這樣的我，仍殘留著若干的批判精神。

一開口就是埋怨工作、詛咒人生。但工作還是繼續做。

同事在等我。客戶在等我。朝九上班，朝七下班。

看看鏡子，嘴唇沒有半點血色，一臉灰敗的死相。

就在這樣的生活持續了幾個月的某天夜晚。幾乎已經放棄了自由、人生、幸福這些虛無飄渺的事物，連抱怨詛咒的體力也沒有的時候。

「或許你以為這樣的自己很帥，可是現在的你真的遜斃了。」當時的戀人以這句話給我一記痛擊。她接下來的話，我一輩子忘不了：

「埋怨你因為喜歡而選擇的東西太奇怪了。要是討厭就辭職，哪有必要為了得到幸福而不幸？如果你趕著進棺材，就死得好看一點！」

毫不留情。但她才是對的。

那份工作我後來辭掉了。現在已經擺脫了那種狀態。

不過，或許總有一天，又會落入那種處境。或是看到有誰落入那種處境，這次必須由我來對他說出這番話才行。我心裡這麼想。

16註：Dead Cat Bounce，股市投資用語，指股價大跌之後的暫時小幅回升。源自於「從夠高的地方跌下來，就算是死貓也會反彈。」

164 即使如此，我們仍必須做出選擇

點P以秒速一公分的速度巧妙地移動，或必須思考粗體字b段落作者的心情，這樣的青少年時期還過得去。因為絕對有正確答案可以遵循。

不管是大學入學考、求職考、人際關係或約會，追根究柢，做的事情都一樣。說穿了就是有拿到一百分滿分的解答模式。

換言之，到二十五歲以前，我們都不過是活在「一加一等於多少」的世界線。但如此安全的世界線，卻會在二十五歲以後崩壞。

比方說，長相完全是天菜，但貞操觀念有問題的男人；和個性善良，但善良過頭很無聊的男人，應該選擇哪一邊才好？個性好但粗枝大葉讓人不耐煩的女人，和文靜美麗但體弱多病的女人，應該選擇哪一邊才好？高年薪但爆肝的工作，和年收過得去又穩定，但並不怎麼想做的工作，應該選擇哪一邊才好？

非得擇其一。如果可以，真想兩邊都選。只要拋棄良心，兩邊都可以要。

若是足夠無情，兩邊都可以拋棄，但現實並不是這樣的。有時候就是沒辦法這樣。即使如此，總有一天，還是非做出選擇不可。

如此面對終極的選擇時，希望你能想起一件事。也就是：

「打從心底接受自己的選擇和結果時，人就會回溯到做出選擇的當下，使它變成正確的選擇」。

「我們沒有所謂對或錯的選擇，所以不管選擇哪一邊都是一樣的」。

「唯有敞開心房去接受一切結果，才能得到解脫」。

在迎接由衷接受的那一天以前，人會後悔，也會埋怨，也會見異思遷。不過，在全盤接受，覺得「這樣就好」的那一刻來臨前，可以決定一個時限，靜觀其變。

覺得可以的話，這樣就好。還是不行的話，就邁向下一個目標。

我在這時想起了「回收人生的伏筆」這句話。

我們經常會忘記，人生常有「當時的那件事，就是為了今天這一刻」的風雅之事。大多數的伏筆都會被回收。

但也有遲遲未被回收的伏筆。到現在仍難以抹去的挫折、難以理解的離別、難以接受的感情死亡。我們應該靜靜地記得，這些未被回收的伏筆，有可能也是雲端上淘氣的作者送給我們的、別的插曲的前奏。

做出選擇吧！不斷地做出選擇。只要還活在世上，人生的篇章就還有後續。

165 值得我們發動戰爭的陳腔濫調

「人終歸只能孤單地死去」、「世上沒有永恆」、「顏值就是一切」。

「不抱期待才是最聰明的」、「男女一輩子都無法互相理解」。

「婚姻是愛情的墳墓」、「人生就是死前消磨的時間」。

這些都是十幾二十歲的人，擺出看透一切的表情掛在嘴上的話。

而且任何一句聽起來都像是至理名言。

不過，無論任何一句，作為一個人的人生結論，都實在是太過貧瘠了。

我們之所以存在，不就是為了擊破這種陳腐的虛無、大肆反駁這種俯拾皆是的貧瘠嗎？

我私心把這些話指定為「值得我們發動戰爭的陳腔濫調」。

166 前提是雙方都是錯的，也都是對的

「不管再怎麼善良的人，只要一直努力，在某人的故事裡也會成為壞人」。這是漫畫《貓之寺的知恩姐》（猫のお寺の知恩さん）中令人印象深刻的至理名言。

這則真理，並不限於麵包超人裡的細菌人而已。只要認真老實地談戀愛，可能會被當成某人的備胎，有時還會淪為炮友或小三。

就如同各位都知道的，愈純粹認真的人，處境愈危險。

當然，有些人能夠掙脫這種處境，扶正成正宮，或步上紅毯。但曾經被當成備胎的事實不會消失，也有人一輩子忘不了這個創傷，以為稍微能寬恕對方了，還是忍不住要出言責備，結果不可自拔。是否要原諒對方的一次外遇，也會碰到類似的困境。

試著成為只要一次犯規，就讓對方退場的豪傑，這樣做就好。

然而，還是有人沒辦法把對方就這樣掃地出門。

若要以道德來處理這個問題，就會變成「一開始錯的到底是誰」、「到底要不要原諒」。世間說的「討論」，也是依比例來決定過去的錯誤歸責，一次決定哪一方必須低頭道歉。任何一種做法都毫無道理。我不認為這樣符合情理。只要有兩個人以上，任何一方都是錯的，而任何一方也都是對的。

我認為這類微妙的問題，不能透過討論來解決。如果還是想要兩個人在一起的話，就只能採取「討論無法解決呢」的態度來面對。

男女之間的分歧，雙方都錯，也雙方都對的時候，是最痛苦的。

那麼，該如何是好？不，這種時候其實雙方都無能為力。

不過，在開始爭論的時候，若是雙方已經取得「雙方都錯，但雙方都對」的共識，即使無法和解，也能理解得很快。因為這樣就沒必要無謂地爭執了。

最糟糕的是爭執發展成人身攻擊，讓兩方都遍體鱗傷。許多描寫離婚的小說和電影，會付出大把時間和工夫描寫這種場面。

但只要經歷過一回，就可以不必再重蹈覆轍。或者，連一次都沒有必要經歷。

考試不會出現「雙方都錯，但雙方都對」的問題，在人生中卻是無可避免的。

167 與其談戀愛，倒不如養貓

與其談戀愛，倒不如養貓。

這種說法看似毫無道理，但因為很重要，請容我闡述一下。

首先，你會因為可笑的理由不能死，早上被逼著早起，一有空就努力補眠。

因為接觸到極不穩定的精神，因此你的精神會變得穩定。

由於所有的東西都會被破壞，所以住處反而會變得井井有條。

多餘的物欲和旅行欲望也會消失。

存款欲望會得到飛躍性的提升，也會被勤快打理自我門面的貓的美學意識所感化。冬天很溫暖。最重要的是，會時常被逗樂。

不過只有一個缺點。那就是當貓死掉的時候，會悲傷欲絕。

不過直到死前一刻都很幸福的話，可以說牠整個貓生都是幸福的吧。

168 慶幸在二十幾歲時去做的事情第一名

我個人覺得在二十幾歲時做過最棒的事，就是「養貓」。

不過這有可能是因為我的腦袋徹底被形而上學的貓之王所支配，所以被控制著說出這種話而已。

假設暫時撇開貓不提，我覺得二十幾歲時真正做過最棒的事，是「和別人住在一起」。

為什麼會這麼想？請不要提出這麼不解風情的問題。

那麼快樂、痛苦、沒有意義、瑣碎、微不足道的可愛事物，我才不想刻意訴諸言語。

169 反正會分手

「反正馬上就會分手了，現在我們在一起，這樣不就夠了嗎？」

分手之後，分手的事實也會一直持續下去，喜歡討厭、厭倦不厭倦也全都不可信，結果就只是和不同的人重複同樣的事。

「總之現在我們在一起，這樣不就夠了嗎？」

像這樣類似的話，我說過也被人說過。

不過，最後還是分手了。

幸好分手了。真的幸好分手了。

170 用婚姻作為戀愛冒險結束的宣言

適合婚姻的男人，是不太受歡迎，認真老實，不太喜歡出門，有些沉穩，又有點邋遢的人。就算你染了頭髮、做了指甲，他也不會發現。就算服裝俗了一點，鞋子髒了一點，也不會特別計較。

不適合婚姻的男人，熱愛出門，不管是App還是家電都非要是最新版本最新款式不可。勤快，愛計較，所以對於你的變化也滴水不漏。由於喜歡追逐時尚，因此不但受歡迎，對於讓自己更受歡迎也不會感到厭煩。

我想說的不是「不受歡迎的男人比較好」。

而是「不要再把幸福寄望在男人身上」。

171 失戀的終結與超度

我一直以為我是那種只要愛上一次，就再也無法討厭對方的類型。

一直私心認為失戀是會持續一輩子的。

不過以前和前任重逢聊天的時候，我完全無法回憶起怎麼會愛上這種人。

心想，當時可笑地耽溺在失戀情緒裡的自己，已經徹底地被超度，消失得無影無蹤了。

唯獨再也不會感到寂寞這件事，讓我寂寞——就連這麼想的那瞬間都再也回憶不起來，真傷心。

不過，想到在這樣全然振作之前所遇到的每一個美好的人、每一段美好的關係，我實在無法認為人生是空虛的。

我相信會忘掉某些事物，是因為記住了其他美好的事物。

172 不打算結婚卻交往的意義

會質疑「不打算結婚卻交往，有意義嗎？」的人，也會質疑：「又沒有要做愛，住在同一個屋簷下有意義嗎？」

或者，「又沒有要生小孩，維持婚姻有意義嗎？」

「小孩都獨立了，彼此也不相愛了，繼續扮演夫妻有意義嗎？」

但這些無意義的苦味，必定會侵襲人生。

除非是兩個痴傻到離譜的人，相愛得要命的情況。

我認為和喜歡的人生在同一個時代，必定有某些意義。

無論一直喜歡著那個人有多麼地困難。

如果不管再怎麼等待，都無法從其中找到任何意義，與其連自己都討厭起來，倒不如堂而皇之地回歸單身。

173「幸好那些經驗一點用處都沒有」

應該是我和神戶的熟人聊著「什麼是朋友」這種青澀話題的時候。他當場回答「可以用想說的話，直接說出想說的內容的對象，就是朋友」。我坦然信服：多棒的定義啊！至於這段對話的前後脈絡，因為喝了好幾杯余市純威士忌，已經完全不記得了。

或是另一個夜晚。

一樣忘了前後脈絡。但他捲著菸草，開口說道：「或許我們在二十幾歲的時候，在鬼門關前徘徊過兩、三次呢。不過，卻能像現在這樣活著，一起喝酒。總之，沒死真是太好了。」

彼此都曾在現實中一腳踏進鬼門關三、四次，那段事蹟這裡就割愛不提了。

因為死神會平等造訪每一個人，差點送命這件事本身平凡無奇。

「總之，沒死真是太好了。」

多棒的一句話啊！我又這麼想。

我不該再把他只當成熟人了，他是我的朋友。當時我這麼想。而當時他一手夾著紙捲菸，似乎也對說出這些話的自己感到驚訝。因為他說出了原本打算默默帶進棺材裡的事。

「不過，幸好那些經驗一點用處都沒有。」回顧當時，他在推特上這麼說。

一點都沒錯。就算男人對另一個男人說了很棒的事，也真的一點用處都沒有。

人生有百分之九十九的事，是毫無意義且無用地在反覆上演。

就像我們的對話、書店裡堆積如山的書，或是就像這本書，百分之九十九都沒有任何用處。不過，愈是無意義且無用之物，愈是奢侈。

既然如此，盡可能增加這些奢侈，全面去肯定每一樣奢侈，不就是對我們「無意義的人生」最棒的徒勞抵抗嗎？

就是這樣的徒勞抵抗，讓我們的人生變得美好，不是嗎？

這樣的想法，是否也沒有意義呢？那不是讚透了嗎？我想。

極致到無法放上IG的幸福

174 把三百六十五天都當成生日

「今天是我生日，但不知道要做什麼。該做什麼好？」常有人在網路上問我。「想做什麼都好。」在海邊哭泣。用手直接抓起蛋糕大吃。去恐嚇朋友「不祝我生日快樂嗎？」不管是要自慰還是做愛，都隨心所欲。假設再過一年就會死掉，大幅更新願望清單也是個樂趣。能夠放手去做，都是因為今天生日。

不過，回歸根本去想，還有更有意義的過生日方式。

其實，我們應該把三百六十五天都當成生日。

作家三島由紀夫曾說，讓母親忘記母親節，才是最大的孝順。既然如此，每天都去實現特別的任性，讓生日完全想不到還有什麼特別的事可做，也是對自己最大的孝順。因為最糟糕的事總是會毫無預警地迎面襲來。那麼，我們必須主動每天跳進奢侈、跳進渺小的未知當中才行。

各位，生日快樂。今天是你人生當中最新的一天。

175 婚姻是愛情的墳墓，但墓地可以看到星星

東京的青山靈園，如果夜晚天氣晴朗時，可以看見星星。數量多到難以想像是在市中心。春季的櫻花也很美。而且沒什麼人。夏季還看得見流星。能一個人欣賞，當然也可以兩個人一起看。

都說婚姻是愛情的墳墓。

結婚以後，就不會上床，不接吻，也不牽手了。

而且人眼的淨是對方的缺點。感到不耐煩。

即使如此，或許偶爾還是接個吻比較好，牽個手比較好。

即使對方說很噁心，還是這麼做比較好。

因為這裡是墓地，墓地就是讓人發毛的地方。

電影《崩之戀》（*Sid and Nancy*）的宣傳詞是「在墳墓深吻」。

就算是墓地，在那兒散步也沒關係。
對話偶爾冷場也沒關係，但是不能放棄。
因為墓地很可怕。如果真的、真的實在無法妥協，解散也沒關係。
不過，從墓地可以看見前所未見的滿天星星。就在短短一剎那。

176 做出瑣碎且不浪漫但重大決定的三個男人

這些例子雖然悲傷，卻都是對的。

一個因為總覺得交往了七年的女友不是對的人而甩了對方的男性，某天在有樂町的大眾居酒屋喝酒。隔壁桌坐了一個筷子拿法很奇怪的女生。為何他會馬上注意到那個女生，是因為他也是改不掉奇怪的筷子拿法，從小被父母罵到大的人。

結果兩人半年後結婚了。

或是有個剛離婚的中年男子，為了洩憤，買了一台重機在國道上盡情馳騁。因為他的前妻嚴格限制他的這項興趣，他也必然地邂逅了與他興趣相投的女子。現在他已經是兩個孩子的爸了。

我問前些日子剛結婚的另一個朋友：「讓你決定結婚的關鍵是什麼？」

他大口嚼著什錦燒，有些靦腆地說：「因為我不想再失戀了。」

我本來想說「只是為了這種理由就結婚，婚姻不會長久」，但轉念心想「不，就算只是為了這種理由結婚，也完全沒關係吧？」

從我這裡聽到這些例子的朋友飲盡杯中的啤酒，說了一句：

「果然。重要的事情才不會PO在網路上呢。」我打從心底點頭同意。

這些例子，每一個都太瑣碎了，派不上任何用場。

因為太過私人，無法適用在大眾身上。聽起來一點都不浪漫，但也不能說荒謬。完完全全就是現實的例子，或許是難以引起共鳴，也無法作為參考，所以不會被放在網路上。

即使網路上有，也躲在搜尋結果深處的深處再深處。這樣的內容形同不存在。

可是對於當事人來說，每一個都是為他們帶來相當重大的人生抉擇的事情和動機，是真實的。

倘若從這三個男人的故事，可以得到屬於我自己的體會的話，那就是：

結婚這種事，輕率為之就好了。

177「離婚是什麼感覺？」

我問了離過一次婚的社長：「離婚是什麼感覺？」

社長和再婚對象在橫濱海邊的飯店舉辦婚宴時，發了喜帖給我。我包了三萬日幣，應該有權利提出這個問題。

「我覺得自己應該讓對方更幸福了一些吧。一天讓對方幸福個兩、三次。不，七次左右，在不經意的時候。不過，我也覺得自己沒有做好。我得懷著這樣的歉疚活下去。大概是這種感覺。」

在澀谷白天的星乃珈琲店，社長有些字斟句酌地這麼說。他每個月都會付贍養費給前妻。和小孩也可以很難得、非常難得地見面。因此，我好奇的是他為何會離婚，不過離婚的理由大部分都可以用「音樂品味決定性的不同」來解釋，刻意去問就太白目了。

我向女性朋友提到這件事。

「所以才說男人不行呀。」她嚴厲地說。

「女人連一秒都不會去想過去的男人。男人就是不明白這一點。他以為他是回憶美化委員會嗎？」雖然我也認識幾個忘不了前男友，和將就的對象結婚的人。

對於「懷著這樣的歉疚活下去」這句話，我是這麼想的：

「不管是離婚還是丟飯碗，人生都會持續下去。就算罹癌、喪夫，人生還是會持續下去。肚子會餓，也會突然想換洗髮精牌子。會聽著新歌搖頭晃腦，開些爛玩笑，也會打扮得花枝招展上街去。人類很可愛，總想要永遠開開心心的。」

曾經遭遇過不幸。曾經犯下錯事。

但就算是這樣，也完全不構成我們必須永遠不幸的理由。

離過婚的人大可以歡鬧。失業者大可以喝酒，大可以吃美味的串燒。癌友大可以宣揚，可以打扮得美美的，可以書寫，可以拍攝，可以講述，可以吶喊。寡婦大可以戀愛，可以偶爾哭泣。

人生苦短，稍縱即逝。
失去了珍惜的人。既然如此，就以三倍的堅強活下去。
接下來的人生總是會到來。
我散文式地想到了這些。想到不幸其實也不必特別去遺忘。

178 超越法律措施的一個例子

不是「邏輯很重要」、「事實很重要」；
而是「跳躍式思考很重要」、「跳脫事實的確信很重要」。

179 或者說，愛就是失去主詞

忍不住做了不打算要做的事，這就是愛吧？
不小心就跑來見面、不小心就把珍惜的東西送出去，這樣也沒什麼不好。
原本應該如此的自己，美麗地日漸崩壞，這也是愛吧？
應該是更冷酷的。應該不抱期待的。應該不會依賴的。
如果說思考「愛是什麼」也是愛，會願意收起那些利牙嗎？
完全失去主詞。我認為這就是愛。

180 把愛說出口

人們很容易忘記這件事，如果有了喜歡的對象，最好多多稱讚。

像是睡臉很可愛、夢話很有趣、生氣的樣子也很帥。

最好稱讚對方無可救藥的地方，竭盡一切的詞彙。盡量在不經意的時候說出口，因為無法保證你和對方明天都還活著。

要保護好本人覺得很遜的地方。

要說：「你那種地方很遜，但是真的可愛透了，教人討厭不起來。」

如果這能建立起對方的自信心就好了。即使哪天我不在了，或許這些話也能保護好他的心——一面祈禱他最好不會遇到非想起我的話不可的困窘時刻。

181 在幸福與不幸之間

思考何謂幸福的時光，毫無疑問地並不幸福。

當然，在星期六中午擦拭心愛的靴子、穿上喜歡的衣服上街，或是雨天在房間灑滿喜愛的香水享受電影的時光，毫無疑問是幸福的。

可是，在襯衫衣領發現奇怪的污漬的瞬間，心情會變得糟糕透頂。打發時間亂滑推特時看到愚蠢發言有人按愛心，也會對整個人類社會失望透頂。雖然感覺很蠢，但沒辦法，實際上就真的很蠢。

可是我會想，不管再怎麼冷靜思考，任何幸與不幸，都脆弱到會在瞬間崩裂。

或許，我想。我們只能在幸福與不幸的雲霄飛車上認識人生。

若是這樣的話，現在的幸福並不重要，眼前的不幸也沒有太大的意義。

因為我們只能認知到指針從不幸擺向幸福、從幸福擺向不幸的期間，或是不知道正要擺向哪一邊的瞬間，也就是「情感動搖的瞬間」。

原以為老早就死透的心，唯有這時會強烈地悸動。
這種時候，我們才會發現：我現在還活著。

如果今天風平浪靜，歲月靜好。也許我們遲早會遺忘。
但明天也許會發生某些好事。或者也有人追求相反的情形。
就是這份幽微的盼望，勉強維繫著我們不致於死去。
既然如此，無論那會是不幸或是幸福，我們也只能將自己全部的感性投注在心動的那一刻。
我想著這些。雖然也不一定是我說的這樣。

182 假設這個世界只有一百個人的幸福機率

大概會有一個人是幸福的。

大概會有九十個人追求幸福。

大概會有八個人無法得到幸福。

大概會有一個人發現，世上沒有所謂的幸福或不幸福。

我曾經想過，我出生在這個世上，
是為了花上一輩子失去「只有我一個人」。

183 婚禮不用參加

我討厭婚禮。

若問喜歡還是不喜歡，我相當痛恨婚禮。

隨便他們夫妻愛去火星還是水星都行，卻不知為何非要把我找去不可。開什麼玩笑。無論是小老百姓和小老百姓親親還是一起切蛋糕的場面，才沒有掏出三萬日幣觀賞的價值，絕對沒有。他們一點都沒有考慮到被放閃的受害者心情。必須犧牲寶貴的週末觀看這一幕的我，才應該要領到三萬元的招待費。

等到婚禮總算結束，平常不會用到的臉部微笑肌都冒出火花抽筋了。果然還是希望對方補償我三萬五千元。

但這個世上似乎也有追求創新的人，有人不是在教堂或飯店辦婚禮，而是包下整個舞廳。不只親戚，還邀來朋友的朋友，帶來佳餚和酒精。會彈吉他的人彈吉他，有ＤＪ技術的人就當ＤＪ，最後大家一起唱aiko的〈獨角仙〉，跳上一整晚。

如果是這樣的婚禮，或許我會有點想去。既然都要給人添麻煩的話，徹底做到這種地步還比較爽快。而且便宜，不拘禮數又很自在。

偏偏會辦婚禮的情侶都是保守而追求形式的，辦出來的婚禮千篇一律。

我則是沒有辦婚禮的打算。包出去的紅包無望回收，會教人氣結。但除了我以外，一樣有其他的婚禮否定派，有朋友把辦婚禮的錢全部拿去出國旅行，也有夫妻買了三人座的高級沙發，或買了一隻貓。當然，也有夫妻結婚一年就協商失敗，打官司離婚了。我覺得他們每一個人都很聰明。

希望大家都能自由自在、我行我素地變得幸福。

所以我再也不參加婚禮了。就算有人給我喜帖我也不去。

「隨你們自己去辦，不要扯上我。」儘管我已經對每一個朋友這麼宣布過了，還是有朋友跑來說：「不行，你要來。」「你要當我的朋友代表，上台致詞。」

我都拒絕三次了，他還是非我不可。

我說，那你要有心理準備，不管我說什麼都是你自找的。

然後，當天我做出了如下的致詞。

獻給朋友的婚禮祝辭全文

洋子小姐，恭喜妳結婚了。

妳今天也一樣美，美到希望妳可以立刻和我結婚。

妳純白的婚紗打扮真是美到不可方物。

還有祐介，恭喜你結婚了。

我是剛才承蒙介紹的F。新郎祐介和我是從國一就認識的朋友。

一般來說，朋友代表的致辭，就是由我這個祐介的朋友天花亂墜地稱讚祐介，最後以陳腔濫調的夫妻相處之道，輕薄打趣地收尾。

不過就像剛才祐介的上司說的，同時也就像祐介的大學恩師說的，祐介並沒有特別值得稱讚的優點。他反倒是被公然虧來虧去，眾所疼愛，全憑討喜的個性闖蕩江湖，是個宛如奇蹟的迷人小生。

不過，今天是他這輩子最風光的場面。

就連不喜歡祐介的我，也忍不住為他連句讚美都沒有得到而感到憐憫萬分。

因此我是該為了祐介的名譽，趕緊大力稱讚他一番呢，還是要聊些無關的、符合時事的現實話題呢？我現在實在猶豫極了。

祐介，你想要哪一邊？（新郎說聊時事話題就好。）

好的。那麼請不要生氣，聽我說喔。

新郎新娘現在最不希望我提起的單字第一名，應該就是新冠肺炎吧。

婚禮是不是應該延期比較好？這個問題聽了也很刺耳吧。祐介曾經打電話問我：「現在這季節，疫情還沒有蔓延開來，但可以想見，明年三月絕對會爆發，所以婚禮是不是取消比較好？」他還問說：「但因為種種大人的因素，難以取消，如果還是照辦，你願意來參加嗎？」

在如此危機四伏、相互猜忌的時代，一對男女仍愛上彼此、信賴彼此，準備一起攜手共度人生。這個佳日竟不巧撞上了這樣的時局。

即使如此，仍有如此多的人願意不惜遠路迢迢齊聚一堂，祝福他們的新生活。

婚禮會場工作人員也為了我們盡心盡力。對於這些，要酸言酸語是非常容易的，但我想在其中找到重大的意義。

當然，我也看到了我自身前所未見的危機——沒事，我想要找到不同於此的、某個極為重大的意義。

或許非常不莊重，但由於面臨這樣的時局，這個世界開始出現了唯一一個正面的潮流。就如同各位所知道的，那就是彈性上下班、遠距辦公，若要換個說法，就是不必做的事情終於可以不必做了。

然而另一方面，也出現了不容忽視的影響。有些人無法彈性上下班，也無法遠距辦公，甚至有些人的工作就是必須與人面對面。醫療工作者無法挑選病患，物資偶爾也會不足。貧富差距、分裂、歧視、相互監視、不安、沒有對象的憤怒、對他人的不理解，這些應該都會急速加劇。

而且新冠肺炎好像不是檢查了就能確定是陰性陽性。要是對每個人進行檢查，就無法優先救治重症病患了。

然後不管是打開電視還是手機，甚至是各位來參加婚禮，都有沒神經的人在這種場合像這樣聊這個話題。我自己已經受夠了，關掉電視，手機擺到桌上，然後閉上眼睛思考。

我們到底在害怕什麼？我們最害怕的到底是什麼？

這一點很明白。

不是害怕還沒有特效藥或疫苗，也不是害怕不知道自己是陰性陽性，而是害怕自己在某一天不為人知地染病，孤孤單單地死去。

雖然這麼說，但其實我自己因為經歷過許多，有時候會覺得就算一個人死去也不怎麼可怕。但就連這樣的我，還是會害怕最重視的人染上這種病。重視的人比自己先遇上這種慘事，這讓我害怕極了。

要是在分隔兩地的情況下，某天其中一方就此撒手人寰，那倒不如兩個人在一起吧！據說三一一大地震以後，出於這種想法開始同居或結婚的情侶增加了四成。我認為這是非常合理的事。

因為不管是在這樣的時代，或不是這樣的時代，有些人對結婚對象最大的要求就是身體健康。這也是非常正當的要求呢。

從這個話題再延伸一些吧。

結婚對象身體健康是當然的，也有人要求對象是忠誠的人。忠誠不是金錢可以買到的。就像大家都知道的，已故的女演員樹木希林說因為丈夫有那麼一絲至誠之處，所以她絕對不會選擇離婚。某位知名女星說她對另一半沒有任何要求，因為不管是金錢還是名聲，她都已經擁有了。

我想大白天的京都應該找不到這種人，但也有人說另一半最好是有錢人。男生裡面，除了我以外，應該沒有哪個膚淺的傢伙敢說討老婆就要挑前凸後翹的類型吧。年輕人裡面有人喜歡LINE的文體契合、聊得投機的人，其實這或許也和健康及忠誠一樣重要。

回到兩位身上。

我想兩位新人一定是輕易跨越了彼此的幾道門檻，現在才會同坐在這裡。或者果然認為還是不需要這種門檻，而打破了那些門檻坐在這裡。

但我認為婚姻當中還有一個終極的門檻。

關於這道門檻，今天我想聊聊一件往事。

我有個二十歲時認識的大學同學。
他現在在當編輯，以前是個典型的文藝青年，每次讀完三島由紀夫或者村上春樹，就會拉著我大聊感想解釋一整晚。不管是抽菸、喝溫酒、騎機車，我們都在一起。一直在一起。
他說他喜歡上班上一個女生。我替他向心儀的女生說了許多好話，可以想見，兩人後來成功交往了。四年後結婚，再四年後的現在，他們有了兩個孩子。
噢，我不打算在這裡宣揚小孩子有多棒，請放心。
他在第一個小孩即將出世的前一天，突然打電話把我叫出去。
「我想跟你喝酒，現在，立刻。」他幾乎是哭著這麼說。
這是死黨的要求，因此我拋下工作，跑去見他。他已經灌掉了一整瓶傑克丹尼威士忌，一個人站在骯髒的神田川旁，連櫻花都沒開的神田川旁。
「你怎麼了？」我問。
「就是啊，」他開口說道。「現在啊，我寂寞得不得了，可是又開心到不行。雖然很開心，真的是很開心，可是又很空虛，空虛到不行。可是啊，雖然很空虛，我自己也莫名其妙，又覺得幸福得要命。」

真是十足文藝青年的感想——當時的我並不這麼想。一定是因為心愛的女人就要成為某人的母親，然後他自己也必須從一個笨男人成為人父，然而，身體卻感受不到任何生產的痛苦，是這樣的寂寞驅使他說出這些話。然後就連對死黨的我，他也難以清楚地說明這種感情，孤獨到難以自拔，才會說出這些話。

我不是因為小孩可以把一個正常的男人搞成這樣而感動。

一個人充滿了矛盾，卻毫不掩飾，儘管詞不達意，仍試圖要傳達給我。而我第一次親眼目睹一個人充滿了黑白難辨、喜怒哀樂交揉的微妙情感，陷入無法自已的狀態，這件事強烈地衝擊了我。

我將這分不出喜怒哀樂、分不出黑白、非敵非友，但乍看之下也像是敵人的無可名狀感情，稱為「文學的領域」。無法輕易以一句話表現，年輕人用「emoi」一語以蔽之的這種現象，我稱為「文學的領域」。

至於，為何我要落落長地說以上這些，是因為我認為婚姻也完全就是「文學的領域」。

或許比喻得不好，但只要一起生活，就會有無數想要責怪「明明是你不對吧」的時刻。但有時候愈是想要說「明明是你不對吧」，其實偏偏錯在自己。愈是想要主張「我才是對的」，偏偏是自己大錯特錯。

那麼，我們應該釐清過失的比例，決定哪一方應該道歉嗎？

如果51：49的情況是51正確，那麼，49就沒有任何一絲正義了嗎？

我認為若要分出黑白，夫妻關係就絕對維持不下去。

這世界存在著無法透過討論解決的領域。

就如同現在像這樣有著或許無法根治、無法滅絕的疾病蔓延。

我們必須把這些複雜的事設定為文學的領域，暫時放到一旁，共同活下去。

我是複雜的，你也是複雜的，圍繞著我們的世界是難解的。因此才要暫時將黑白擱置到一旁。我認為即將結婚的兩人必須以此作為圭臬，並永遠奉為圭臬。

這是非常艱難的任務。

兩人經歷重重考慮，仍決定在今日步上紅毯。

我就像這樣，對他的決定酸言酸語，並且打算若有差錯，就要叫祐介請我吃三千次敘敘苑的燒肉。但是今天看見洋子小姐美若天仙的婚紗打扮，看見一旁面露可恨笑容的祐介，我打從心底為他們開心，支持他們的決定。

世人還是老樣子，說著毫無建設性的事。模糊難辨的事物與狀況終於氾濫了整個社會。不過，從老早以前就是這樣了，而且其實一直存在於我們的心中。

然而，相較於夫妻這種特殊關係的難解和有趣，這危險的世道也等同兒戲。

請好好享受兩人的關係——訴諸話語令人痛苦，卻也因此樂趣橫生、危險而難忘的關係。然後等到一切都塵埃落定的那一天，我來作東，請兩位到東京一遊。

說得太長了。

感謝兩位今天邀請我來。

僅以祈禱兩位永遠幸福，來代替我的祝賀。

寫在最後

最後我以唯一有用的體會來結束這本書吧。

離婚比結婚更有趣。

完畢。

20代で得た知見

最好在二十幾歲就知道的事

關於未完成的夢想、不體面的人生，以及是否永恆的185個知見

作　者　F
譯　者　王華懋
發 行 人　林隆奮 Frank Lin
社　長　蘇國林 Green Su

出版團隊
總 編 輯　葉怡慧 Carol Yeh
日文主編　許世璇 Kylie Hsu
企劃編輯　李雅蓁 Maki Lee
　　　　　高子晴 Jane Kao
責任行銷　鄧雅云 Elsa Deng
裝幀設計　吳佳璘 Chia Lin Wu
攝影創作　林育柔 Zo Lin
內文排版　張語辰 Chang Chen

行銷統籌
業務處長　吳宗庭 Tim Wu
業務主任　蘇倍生 Benson Su
業務專員　鍾依娟 Irina Chung
業務秘書　陳曉琪 Angel Chen
　　　　　莊皓雯 Gia Chuang

發行公司　精誠資訊股份有限公司　悅知文化
　　　　　105台北市松山區復興北路99號12樓
訂購專線　(02) 2719-8811
訂購傳真　(02) 2719-7980
專屬網址　http : //www.delightpress.com.tw
悅知客服　cs@delightpress.com.tw
ISBN : 978-986-510-200-5
建議售價　新台幣３８０元
首版一刷　２０２２年04月
　　七刷　２０２３年03月

國家圖書館出版品預行編目資料

最好在二十幾歲就知道的事／F著;王華懋譯. 初版.--臺北市：精誠資訊,2022.04
336面；14.8X20公分
譯自：20代で得た知見
ISBN 978-986-510-200-5（平裝）
1.CST: 自我實現 2.CST: 人生哲學
177.2　　111000932

20DAI DE ETA CHIKEN

First published in Japan in 2020 by KADOKAWA CORPORATION, Tokyo.
Complex Chinese translation rights arranged with KADOKAWA CORPORATION, Tokyo through Future View Technology Ltd..

最好在
二十幾歲就
知道的事
FRAGILE
F 著
王華懋 譯
不斷做出選擇。
然後，盡情地後悔吧！